実践！世界一ふざけた夢の叶え方

ひすいこたろう　菅野一勢　柳田厚志

MOVE IT!
HOW TO CATCH OUR DREAMS
MOST JOKINGLY IN THE WORLD.
KOTARO HISUI,
ISSEI SUGANO,
ATSUSHI YANAGIDA

フォレスト出版

『実践！　世界一ふざけた夢の叶え方』

ひすいこたろう　菅野一勢　柳田厚志

祝!!
100万部突破！
ドラマ化決定。

希望（笑）

「1人で夢を叶えようとしたら10年かかる。
しかし4人で、4人の夢がみんな叶うように応援し合ったら、世界最速で夢が叶うんじゃないか？」

僕らは、そんな「**実験**」をしてみたのです。

すると……、
4人の夢はあっさり叶ってしまったのです。
それが、僕らの物語です。

ROAD 00

プロローグ　世界最速で夢が叶う「実験」

MOVE IT!
HOW TO CATCH OUR DREAMS MOST JOKINGLY IN THE WORLD

むかし、むかし、あるところに、

「天国と地獄は何が違うのだろう？」と気になって気になって木になりそうなくらい、気になっている男がいました。

このままでは安心して眠れない……。そこで、その男は、天国と地獄の違いを、えんま大王に直接、聞きに行くことにしました。

地獄の門番である、えんま大王のところまで行くと、えんま大王は、何をいまさらと言わんばかりに、その違いをこう言いました。

「天国と地獄は同じところだ」

同じ場所!? そんなわけがないと思った男は、えんま大王のすきをついて、こっそり地獄を見に行きました。すると、ちょうど地獄は食事の時間。人々が、長い箸《はし》を持って大きい鍋の前に集まっていました。

地獄には掟《おきて》があり、それは1メートル以上もある長い箸を使って食事をしなければいけないというものでした。

人々は、鍋のなかのごちそうを食べようとするのですが、あまりに箸が長いので、どうしても、自分の口に食べものを入れることができずに痩《や》せこけていました。そのいらだちから、他人の食べものを横取りしようとしてケンカがたえまなく起きていたのです。

次に、男は天国を見に行きました。天国にも食事のときは必ず1メートル以上の長い箸を使わなければいけないという同じ掟がありました。男が天国に行くと、ちょうど天国も食事の時間でした。

しかし、天国では、皆が笑顔でその長い箸を使って食事をしていたのです。箸が長いので、自分で自分の口には入れられません。だから、お互いに、お互いの口に入れ合って、分け合って仲良く食べていたのです。

「天国と地獄はほんとうに同じところだった」

このとき、男は、えんま大王の言葉はほんとうだったと理解します。

これは昔からよく伝わる物語です。自分の都合ばかり考えていたら、そこは地獄になり、分かち合えば一瞬で天国になる、というメッセージです。

夢を叶えるのに、この考え方を取り入れてみたら、どうなるんだろう？

「1人で夢を叶えるんじゃなくて、みんなでみんなの夢を叶えようとしたら、世界最速で夢が叶うんじゃないか」と。

4人で夢の叶え合いっこをするんです。そんな実験を、僕らが「地下室」

と名づけた、東京の飯田橋にある地下の居酒屋「鳥どり」で始めてみたのです。

当時、僕（ひすいこたろう）は、**赤面症で超根暗**な会社員。

もう1人は、**無職でチャラい、**当時プータローの菅野一勢《すがのいっせい》。

そして、**ぼーず頭の年収300万円のサラリーマン、**

柳田厚志《やなぎだあつし》。

パッとしない人生を歩んでいた僕らは、毎月1回、お互いの夢を応援し合う飲み会を始めたのです。

その飲み会を僕らは**「テイレイカイ」**（定例会）と呼び、**「地下室」**と名づけた居酒屋で毎月1回、仕事帰りに集まって、夢の進展状況を報告し合い、それぞれの夢を応援し合う、飲み会をやってみることにしたのです。

すると、１年後、どうなったか？

奇跡が起きてしまったのです。

ひすいこたろう……根暗な赤面症会社員↓**根暗なベストセラー作家。** はい。根暗は変わりませんが（笑）、ベストセラー作家になれたのです。

菅野一勢……チャラいプータロー↓**チャラい１億円プレイヤー。** これまたチャラさは変わりませんが、年収がすごいことになってしまったのです。

柳田厚志……ぼーず頭のサラリーマン↓出版社の新設部署の売上げを10倍にし、**ぼーず頭の史上最年少部長に。** その後、ぼーずク

ンは、独立し、湘南に家をかまえサーフィン三昧ができる理想のライフスタイルを手に入れました。

3人の凡人は1年で激変したのです。

4人で助け合う、「夢の叶え合いっこ実験」は大成功です。

実際は、コジマくん（通称コジくん）という男性が、ここにもう1人加わって4人で夢を叶えています。コジくんは、当時、文房具会社の営業マン。このとき、人前で講師をする夢を描き、やっぱり1年で叶えています。

コジくんは現在は、菅野さんの片腕として裏側から菅野さんを支え、ハワイ、フィリピン、香港、シンガポール、マレーシアと世界を股にかけてビジネスをしています。菅野さんがセミリタイアできたのは、このコジくんの活躍が大きいと言っても過言ではないでしょう。現在も裏方として菅野さんを支えてくれています。

１人で夢を叶える時代は、もう古いんです。だって、時間がかかりすぎる。遅いんです。

これからは、みんなでみんなの夢が叶うように応援し合う時代になる。

１人で夢を叶えるより、４人で夢を共有して、４人の夢がみんな叶うように応援し合うのです。そのほうが速いし、何より、楽しい。

「A dream you dream alone is only a dream.
A dream you dream together is reality」

（1人で見る夢は夢でしかない。しかし、誰かとともに見る夢は現実だ）

オノヨーコ

そう、１人で見る夢は夢でしかないけど、仲間と見た夢は、世界最速で現実になる。

それが、僕らの結論です。

1人で夢を叶えるのは難しい。

しかし4人で4人の夢を叶えるのは難しくないのです。

10人で10人の夢を叶えるのは難しくないのです。
助け合えるからです。補い合えるからです。分かち合えるからです。
一緒に切磋琢磨《せっさたくま》し、共鳴しながら一緒にスパイラルに上昇していくのです。

「宇宙」とは、3つの「間」でできています。

「時間」「空間」、そして「仲間」。

月に1回、志を同じくする「仲間」と同じ「時間」、同じ「空間」を共有し、お互いの夢を分かち合う。これからは、仲間と遊びながら夢を叶える時代です。

地下でワイワイ飲みながら、遊びながら。
それが世界最速で夢が叶う方法です。

僕ら3人が具体的に何をしたのか、それをまとめたのが、この本です。10年かかる夢を1年に縮める秘密がここにあります。チームで夢を実現していく方法以外にも、僕らがこの10年で結果を出してきて、大事だなと感じた考え方、エッセンス、そして具体的なビジネスの話までを一挙にお届けします。

夢をどうすれば世界最速で叶えられるのか？
夢がない人は何から始めればいいのか？
自分らしく、がっつり稼ぐにはどうすればいいのか？
人生を１００倍楽しくするにはどうすればいいのか？

そのすべての答えがここにあります。

ベストセラーを連発できた、ひすいこたろうの10年。

そして、50以上の新規事業に挑戦し、16社のオーナーとして億万長者になった菅野一勢の10年。

そして、サーフィン三昧の自由なライフスタイルの片手間に、1時間で2億円の売上げを上げる超敏腕プロデューサー、柳田厚志こと、ぼーずの10年。

3人の10年のエッセンスをこの1冊に凝縮してお届けします。

あなたの人生の新しい扉が、いま開きます。


では、始めましょう。

ひすいこたろう

ROAD 00
世界最速で夢が叶う「実験」
by ひすいこたろう

目次

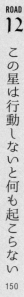

第 00 幕

The Dream Note, Note come true!

夢をノートに描き、「お前ならできる!」と
励まし合ったことから伝説は始まった。

ROAD 01

「セカフザ伝説」おさらいパート1

以前に3人で書いた前著、『世界一ふざけた夢の叶え方』（通称『セカフザ』）は、フォレスト出版で、**2014年度、年間一番売れた本**に輝き、一時期は僕らの夢の叶え方が**ドラマ化**する話も出て、「この3人は俳優でいうと誰に似てるのか？」という問い合わせが編集部に入ったほどでした。

残念ながら、最終的に企画は流れてしまったのですが、企画が流れたのは「ひすいこたろう役はキアヌ・リーブスがいい！」と僕がわがままを言ったからだと仲間からは責められています（笑）。

さて、前著がベストセラーになったことで、セカフザスタイルにのっとり、「4人チームで応援しながら夢を叶えています」という方たちからたくさんのお便りをいただきました。

「自己開示し、夢を語り合ううちに恋が芽生えて結婚することになりました」

「仲間に応援されて議員になれました」

「絵本を出版できました」

など、さまざまな反響が寄せられ、第2弾の出版が望まれるようになり、生まれたのが、この『実践！ 世界一ふざけた夢の叶え方』です。

まず、はじめにお伝えしたいこと。
この本は、前著『セカフザ』を読んだ方も、読んでない方も楽しめるつくりになっています。

また、両方読みたいという方は、どちらから読まれても大丈夫です。

今回は、僕らが夢を叶えるために何をしていたのか、ワークシートを盛り込み、よ

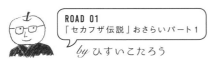

り具体的に実践できるように構成しています。

前著『セカフザ』を読んでない方もご安心ください。

いまから、10分ほどで、僕らの物語をおさらいします。

では、おさらいです。

ひすいこたろう、菅野一勢、柳田厚志（ぼーず頭なので、「ぼーず」と呼ばれています）、僕らは２００４年に出会いました。３人とも特別な才能があったわけではないのです。

当時、僕は赤面症で人見知りな根暗な会社員でしたし、菅野さんは20代で起業し、一度は成功したものの挫折《ざせつ》。そのあとに始めた探偵も挫折しプータローのような状況でした。ぼーずクンは出版社に中途採用で入社した年収３００万のサラリーマン。３人とも、出会った頃は冴《さ》えない男たちだったわけです。

ただ、２００４年に出会った当時、僕らには共通点がありました。僕らは全員、斎藤一人《ひとり》さんのファンで「ツイてる！」というのをログセにしていたことです。僕らは、それぞれまったくキャラが違うのですが、その一点で意気投合したのです。ちなみに斎藤一人さんは、どういう人なのかというと、1993年以来12年、全国高額納税者番付で、総合10位以内にただ1人連続ランクインし続けている納税額日本一の商人で、

「ツイてる人とは、ツイてると言っている人である」と、「ツイてる」という言霊を推奨されている人です。

先ほどお伝えしたコジくん含め僕ら4人は、セミナーで出会ったのですが、みんな一人さんのファンで、そして「ツイてる」を密《ひそ》かにログセにしていることが発覚し（笑）、一気に意気投合し、飲み友達になったのです。

斎藤一人さんは、いまでこそたくさんの本が出ていますが、当時は1、2冊しか本も出ていなかった頃なので、「自分以外にも、『ツイてる』と密かに言うようにしている人がいたんだ！」と、とても新鮮だったのです（笑）。

それで、毎月、「テイレイカイ」（定例会）と称して4人で「地下室」（地下の居酒屋）に集まるようになりました。定例会は、まずは、お互いの近況をシェアすると

ころから入り、お互いの夢の進展状況の話になっていきます。

もちろん、まじめな話ばかりではありません。菅野さんが下ネタばっかり話して終わりという日も（よく）ありました（笑）。でも、そんな日があってもいいんです。笑い合ってると、血流がよくなるせいか、すごいアイデアが浮かんできたりすることもありましたからね。

また、４人で旅をしたことも、僕らの絆が深まった大きなきっかけになりました。ある有名コンサルタントからの情報で、日本に２つ、ものすごい金運がつく神社があると聞いたんです。そこにお参りに行くと一生お金に困らなくなるという伝説があり、その１つは富士山の中腹にあると……。

「滝沢林道ぞいで、冬は凍結していて入れない可能性も」

情報はそれくらいでした。しかも、その神社は、当時、ネットで検索しても１件も引っかからなかったんです。だから、それだけの手がかりを頼りに、４人で探しに行ったのです。

このあたりのくだりは前著『セカフザ』で詳しく書いたので省きますが、このときの冒険の旅がグンと僕らの距離を縮めてくれたのは間違いありません。

その神社でお参りしたら、僕ら４人の夢は見事に叶ってしまい、すっかりその神社も有名になり、いまは大きな看板があるので迷わずに行けます（笑）。何より、夢を応援し合う仲間と行く旅は最高に楽しい思い出となります。

さて、そんな僕らの定例会が俄然《がぜん》ステージアップしたのは、菅野さんのこの提案からでした。

「みんなでノートに夢を描こう。こうなってたら最高にうれしいという夢を絵と一緒に描こう。そして、ノートを回覧し応

援メッセージを書き込んで、みんなで『お前ならできる！』と励まし合おう」

名づけて、「THE DREAM NOTE」（ザ・ドリームノート）です。

当時、僕は通販会社の会社員でしたから、本を出すあてなどまったくなかったのですが、いつか作家になりたいという、誰にも言ったことのない夢がありました。だから、そのノートには、「本を書いて、いきなりベストセラー」と書きました。その横には、本屋さんで僕の本が山積みになっている絵を描きました。

菅野さんは、当時、探偵を挫折し、プータローのような状況だったのですが、インターネットで情報の販売をちょうど始めていた時期なので、その売上げが1億円になるという夢を描きました。

ぼーずクンは、当時、中途採用で出版社に入ったばかりのサラリーマンだったのですが、海が見える最高の環境に住みサーフィン三昧ができるライフスタイルを手に入れるという夢を描きました。

そして僕らは、夢を描いたノートを回し、夢を共有し、そこに励ましのメッセージを書き入れていきました。

そのあとは、みんなで「お前ならできる！」と励まし合い、もうその夢が叶ったつもりでお祝いし、乾杯し盛り上がりました。

ノートに書くまでは、まったく現実感のない夢でしたが、ノートに絵とともに描き、すでにその夢が実現したていで前祝いをし、お酒を飲んでいたら、なんだか、やれそうな気がしてきたのです。

とはいえ、僕は作家になったことがないし、作家の友達も誰もいなかったから、どこから始めたらいいかサッパリわからなかったのも事実。でも、僕らのいいところは、1人で悩まなくていいところです。

4人で考えればいいんです。

「作家ってどうしたらなれるのかなー」と、定例会で僕が相談すると、菅野さんがこう言ってくれました。

「俺も作家になったことがないからわからないけど、作家って、とりあえず、書くのが仕事だよね？」

「まあ、そうだよね」

「じゃあ、まずは毎日、書いたほうがいいんじゃない？　ひすいさん、毎日書いてるの？」

「イヤ、書いてない……」

「作家目指してるのに、毎日、書いてなかったらなれないんじゃやない？」


書いてないと作家になれない。そんな当たり前なことも、なかなか1人だと気づけないんですよね（笑）。

よし、ブログで何か書いていこうと思いたったものの、しかし、ネットに疎《うと》い僕は、当時、どうやったらブログを始められるのか、やり方がよくわからなかったんです。DVDの取り付けすらも失敗した男ですから（笑）。

でも、そんなときも4人いたら誰かは知っているものです。菅野さんがこう言ってくれました。

「うちに泊まりに来ればいいいんじゃん。教えてあげるよ」と。

これが仲間の力です！

僕は感動して菅野さんの家に泊まりに行ったわけですが……。

「ちょっと見てみたけどごめん。俺もよくわからなかった」って。おーーーーい！（笑）

結局、菅野さんもできなかったんですが、もう１人のセカフザ仲間のコジくんが菅野さんの家にヘルプで来てくれて、最終的に僕のブログは開設されました。

そして、その後、ブログを毎日書くようになりました。もちろんまったく無名な僕が書く原稿なんか当初は誰も読んでくれる人はいません。でも、僕は真剣に書きました。だって、菅野さん、ぼーずクン、コジくん、夢を共有した彼らが読んでくれるので手は抜けないわけです。

そして、1年近く書いた段階で、それを編集して出版社さんが募集していたメッセージブック大賞に応募しました。すると、なんと候補者6人のなかにノミネートされ、出版社のホームページに原稿がアップされました。そこからは読者投票決戦で、デビューできるかどうかが決まります。そんなときも仲間の力です。

僕は1人じゃないんです。菅野さん、ぼーずクン、コジくんと、僕を全面的に応援してくれる仲間がすでに3人もいるんです。

「ひすいこたろう」＝「ひすいこたろう」＋「菅野さん」＋「ぼーずクン」＋「コジくん」です。

僕は僕含めて「4人力《よにんりき》」なんです。だから、読者投票ではダントツの1位を獲得でき、『3秒でハッピーになる　名言セラピー』（ディスカヴァー・トゥエンティワン）という本で、作家としてデビューできることになったのです。

「ネットはオレが詳しいから教えてあげるよ」

「じゃあ、オレは文章をアドバイスしようか？」

「それに詳しい○○さんを紹介するよ」

「こうするといいんじゃない？」

「それに関しては、この本を読むといいよ。貸そうか？」

「そういうとき、俺はこうしてうまくいったよ」


などと、僕らは毎月1回定例会で、お互いができることをシェアし、応援し合ってきたのです。落ち込んでいるときは、菅野さんがとっておきの下ネタで励ましてくれたり（笑）。

凸と凹。

凹のように欠けているところがあるからこそ、凸の出番があるのです。

そう、僕らは欠けているところを通して、人の出番をつくり、人を生かし、人とつながれるのです。欠けている点、「欠点」こそ、あなたに欠かせない点なのです。

そんなふうに、僕らは、1年間、助け合いながら、また、よきライバルとして刺激し合い、より上を目指し、4人で切磋琢磨してきたのです。そのように毎月1回、定例会で地下室に集まり、お互いの夢を応援し合っていたら、どうなったと思いますか？

全員の夢が叶ってしまったのです。しかも1年後に！

正確に言うと、ぼーずクンだけ3年かかりましたけどね（笑）。

とはいえ、ぼーずクンの名誉のために言っておくと、ぼーずクンは、その1年で出版社の新設部署の売上げを10倍にし、**史上最年少部長**になっています。でも、そのことはノートに夢として書いてなかったので、カウントされなかっただけです（笑）。

ぼーずクンがノートに書いた夢は、海のすぐ近くの1軒家に住み、毎朝、海を眺めて、波があれば仕事をせずにサーフィンに没頭するという理想のライフスタイル。ノートに描いたその夢は3年後にちゃんと実現しました。

ぼーずクンは、いまや**1時間で2億円の売上げを上げてしまうこともある超敏腕プロデューサー**としてその名を馳せています。セミナー集客の達人でもあり、数百名、数千名規模のセミナーを満席にし、東京国際フォーラムの5000名のイベントも成功させています。

菅野さんも、年収1億円を達成し、その後、100億円企業を立ち上げ、その会社を売却。現在は16社の会社のオーナーとなり、シンガポールに移住し、大きなプール付きのコンドミニアムで優雅なセミリタイア生活を満喫中。

僕は、『3秒でハッピーになる 名言セラピー』という本でデビューして以降も、多くのベストセラーを出せて累計100万部を突破。現在、40冊の作品を書き、赤面症

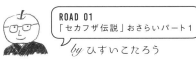

は変わらずですが、講演依頼で全国を飛び回っています。

子どものようなバカげた僕らの夢が、みんな叶ってしまったのです。

1人で夢を叶えようとしたら、10年はかかりそうな夢。でも、4人で4人の夢が叶うように応援し合ったら、4人の夢が1年でアッサリ叶ってしまったのです（何度も言いますが、ぼーずクンだけ3年ですけどね）（笑）。

毎月1回、「テイレイカイ」と称して居酒屋で会い、4人の夢を分かち合い、笑い合い、助け合って4人で夢を叶えていく。これが、僕らが前著『世界一ふざけた夢の叶え方』で提案した夢の叶え方です。この夢の叶え方を読者たちは**「セカフザする」**と表現してくれ、全国各地で実践して夢を叶えたというお声が多数寄せられました。

1人ひとり、自力で夢を叶えていく個人戦の時代はもう終わりにして、これからは、

4人チームで助け合いながら、みんなでみんなの夢を叶えていくチーム戦にしよう。

だってみんなの夢が叶ったほうが、絶対、この星は面白くなるんだもん。

「夢と魔法の王国」は何も、ディズニーランドだけじゃなくて、この星そのものを「夢と魔法の王国」にしたいと僕らは願っているのです。

「夢と魔法の王国、地球へようこそ」って。

だからこそ、今度こそドラマ化も実現してほしい。

ひすいこたろう役は、キアヌ・リーブスじゃなくて小栗旬でもいいから！（笑）

世界初の夢の叶え方がわかるドラマになると思います。

そんな僕らの夢はおいといて、最後にことわざをご紹介します。

「早く行きたければ1人で行きなさい。遠くへ行きたければみんなで行きなさい」

これはアメリカのことわざですが、このことわざがウソだと僕らはわかりました。

僕らは、このことわざをこう書き換えます。

「早く行きたければ仲間と行きなさい。遠くへ行きたければ、やっぱり仲間と行きなさい」

ROAD 02

「セカフザ伝説」おさらいパート2

夢をノートに書いて、「お前ならできる！」と励まし合う。

このことは、『セカフザ』でもポイントになったところなので、菅野一勢、僕の視点からもおさらいしておきましょう。

いま僕は、シンガポールに移住して楽しくやっていますが、この夢も、「来年こそは家族でシンガポールに移住する！」とノートに書いたものを仲間たちに励ましてもらったことが力になりました。

ひすいさんには、「菅野さん、シンガポール生活おめでとう！　菅野さんなら必ず

ROAD 02
「セカフザ伝説」おさらいパート2
by 菅野一勢

やれると思ってた！」とコメントをもらい、ぼーずにも、「菅野さん、おめでとう！シンガポール遊びに行きますね！」と、２人から前祝い的なコメントをもらったことで、シンガポールに住んでいる自分のイメージが一気に広がったのです。

それで宣言どおり、シンガポールに移住できて、ぼーずも宣言どおりシンガポールに遊びに来てくれました。

思考は現実化するって言うけど、これ本当です。

それぞれの目標にコメントを書き合うことを始めてから、僕らの夢はすべて叶っています。恐るべし、書いたものが続々叶ってしまう「ザ・ドリームノート」。

夢をノートに書いて、みんなでその夢を共有して、月イチで会って、近況報告して励まし合い、助け合う。これってものすごく効果的だと思います。あなたもぜひ切磋琢磨できるライバルを探して、同じことをやってみてください。

僕なんか、彼らのなかでいつも一番でいたい気持ちが強くて、月イチの定例会で売上げを自慢するためにがんばっていたようなものです。ひすいさんがいきなり本を出してベストセラー作家になったときも、**「俺も負けてられない！」**っていう気持ちに火が点《つ》きましたから。だから仲間の相乗効果って大きいんです。

セカフザとは別に、僕の場合は、ネットビジネスの友達とも毎月飲むようになって、そこでの定例会で、「俺、今月は３００万稼いだぜ」とか、自慢げに言うじゃないですか。そしたら「俺は、今月１０００万稼いだけど」とか言われて、あっという間に天狗《てんぐ》になった鼻をポキッと折られるんですよ（笑）。すると、「やべえ。もっとがんばんなきゃ」と本気で思えます。本気で思えたら勝負ありなんですよ。本気になったら、人はやりますから。

ライバルの存在は、自分の基準を上げてく

れるんです。これは計り知れない価値で、お金を払ってでもライバルを持つといいと思います。

そういうライバルがいなかったら、1億円目指そうって、そもそも僕は思っていなかったでしょうね。

当然、ライバルの成功に嫉妬《しっと》もします。

でも、嫉妬って素晴らしい感情なんです。なんで嫉妬するかというと、自分にもできるって思いがあるからです。マイケル・ジャクソンのムーンウォークに嫉妬しないのは、自分には絶対にムリだと思うから嫉妬しないんです（笑）。嫉妬するのは、自分にもできるって潜在意識が知ってるからです。

その嫉妬という膨大なエネルギーを自分の「行動力」につなげていけば、一気に人生を変えられます。嫉妬したことさえ、「ツイてる」ことになります。

「ライバルに負けたくない！　ぼーずにもひすいさんにも負けないぞ！」

という気持ちが僕のなかにあって、現状で満足することなく上を見てやってこられました。その結果が、確実にいまにつながっています。

また、嫉妬に関しては、ものの見方を研究しているひすいさんが、こんな視点を教えてくれました。

ひすいさんの知り合いの尼《あま》さんのもとに、あるとき、女性が相談に来たのだそう。

「どうしてもゆるせない友達がいるんです」と。

その女性は、ずっと結婚できなくて、同じように結婚できない友達と「一生結婚しないでおこうね」と誓い合ったのだそうです。「そこ、誓うところ？」って思いますが、しかし、その友達は、誓ったとたんに彼氏ができて結婚しちゃったらしいんですね。

「あんなに結婚しないって2人で約束し合ったのに、あの子をどうしてもゆるせないんです」という相談でした。

そのときに、その尼さんは、女性にこんな話をしたのだそう。

「たとえば、自分が結婚したいという夢を持ったときに、まずは自分の世界に結婚する人が先に現れるんですよ。だから、自分の視界に入ってきたら、自分も近いって喜ぶといいの！」

友達が結婚したということは、結婚が自分の視界に入ってきたこと。ということは、一緒に喜んであげたら、次は世界最速で自分の番だったんです。しかし、ひがんでいると、その幸せが逃げていくというのです。

成功するときって、まず、自分が成功するんじゃなくて、自分の周りの誰かが先に成功して、自分の人生の視野に入ってくることを知っておいてください。

だから、セカフザチームでも、誰かが成功したら、喜んだらいい。自分にも近づいてるなって。

それを、「あの人だけズルい」とか言ってると、せっかく成功が視界に入ってきたのに、ユーターンして帰っていっちゃうそうです。

それを「ハッピーターン」と言います。違うか（笑）。

誰かの喜びを一緒に喜べたら、ものすごい「徳」がたまるのです。

お釈迦様はそのことを「随喜功徳《ずいきくどく》」と言ったそうです。一緒に喜ぶだけで、徳がたまるって、とってもお得です。

たしかに、僕らセカフザチームも、僕が成功したら、ほかの3人もあっという間に成功していきました。書いていていま気づいたんですが、やっぱり、彼らの成功は

僕のおかげだったんですね。

薄々、気づいてはいましたけどね（笑）。

さて、ノートに夢を描き、毎月応援し合う定例会を始め、1年が過ぎた頃には、僕らは見事に夢が叶い、忙しくなり、月イチで集まれなくなってきました。でも、どんなに忙しくなっても、年末だけは毎年きっちり集まって一緒に忘年会をしていました。これは僕らの決まりごとでもあったのですが、必ず忘年会で、画用紙に来年の目標を言葉と絵にしていました。それぞれが書いた目標に、各人の紙に「お前ならできる！」と励ましのコメントを入れていくのです。

僕の場合は、書いた目標を玄関に飾っていました。壁にぶち当たったときに、ここに書いてある、「菅野さんなら余裕でできる！」などの彼らの励ましのコメントを心の支えにがんばることができたのです。

精神的につらいときも、「俺だけでなく、あいつらもがんばってるんだろうなー。よし、俺も負

けてられん。落ち込んでいる場合じゃない！」

って立ち上がるきっかけにもなりました。

仲間と一緒に、夢をノートに描き合い、夢を共有する。その仲間と定期的に会い、励まし、支え、助け合う。それこそ世界最速で夢を叶える方法だと断言できます。本を1人で何冊も読むよりも、いろんなセミナーに行くよりも、よほど効果が出ること間違いなしです。僕ら3人の人生がまさにそれを証明しています。

世界一ふざけている夢の叶え方であるかは大いに疑問ですが（笑）、世界一楽しい夢の叶え方であるのは間違いないです。

とはいえ、もちろん、僕らは、ただたんにノートに夢を描いただけではないんです。

１人ひとり、どんな思いで、具体的に何をしてきたのかは本編でたっぷりお楽しみください。

最後に、４人チームのつくり方について。

僕らのように、同じものに関心がある、セミナーなどで知り合うのもいいでしょう。

一緒に夢を叶えていきたいと思える友人に、『セカフザ』の本をプレゼントし、チームをつくっていったという読者さんも前回すごく多かったです。

「そんなのはムリだよ」と夢をつぶすドリームキラーのような人がいるとチームもまとまらないので、ある程度ポジティブな人たちでチームをつくるといいでしょうね。

僕らは、もともと斎藤一人さんの「ツイてる」というログセが共通点という、人生にポジティブなドリームチームでしたけどね。

僕らのように業種がまったく違うメンバーでやるのも、視野が広がる効果があって面白いと思います。

では、いよいよ、前著のおさらいはこの辺にして、新しい内容に入っていきましょう。

第 01 幕

夢はラストシーンから「祝う」

古代日本人の夢の叶え方「予祝」のススメ。

ROAD 03

古代日本人の夢の引き寄せ法「予祝《よしゅく》のススメ」

MOVE IT!
HOW TO CATCH OUR DREAMS MOST JOKINGLY IN THE WORLD

なぜ日本人はお花見をするのか？

僕はこのことを、ある神社の神官の方に教わったのですが、実は、お花見こそ、古代日本人が実践していた、夢（願い）を叶えるための引き寄せの法則だったというのです。

古代日本人の一番の願いは、稲がたわわに実り、お米がしっかり穫れることです。その願いの実現を引き寄せるためにやっていたのが、お花見だというのです。

どういうことか？

春に満開に咲く桜を、秋のお米の実りに見立てて、仲間とワイワイお酒を飲みながら先に喜び、お祝いすることで願いを引き寄せる。これを「**予祝**」というのだそうです。ちゃんと辞書を調べても載っています。

古代日本人がやっていた、夢の引き寄せの法則、それが「お花見」だったのです。

祝福を予《あらかじ》め予定するのです。

先に喜び、先に祝うことで、その現実を引き寄せるというのが、古来から日本人がやっていた夢の叶え方なんだそうです。

お酒を飲みながら、お米がたわわに実ることを想像し、仲間とワイワイ先に喜んでしまう、前祝い。

それが夢の引き寄せであり、お花見の由来だったのです。
まさに、僕らがセカフザの定例会でやっていたことそのものです!
先に祝福してしまう、するとその夢は俄然、現実化しやすくなるのです。
この「予祝」の効果は、僕らも怖いほど体感しました。

「予祝」は、偉人たちも当たり前のように使っています。

たとえば、長嶋茂雄。

1959年、天皇・皇后両陛下を迎えて行われた天覧試合。読売ジャイアンツVS阪神タイガース。9回裏で4対4の同点。警備の都合上、両陛下が野球観戦できる時間は21時15分までだったため、延長戦に入った場合は両陛下は途中退席になるという状況でした。

9回裏、この大事な場面に先頭バッターとして回ってきたのが長嶋茂雄です。天皇陛下が退席されるタイムリミットまであと3分という21時12分。なんと、ここで、長嶋茂雄はサヨナラホームランをかっ飛ばしたのです。プロ野球が国民的スポーツになった瞬間でした。

実は天覧試合前、長嶋はスランプのドン底にいました。だからこそ、本能的に「予祝」をやって臨んでいたのです。

長嶋さんは、最寄りの駅でありったけのスポーツ新聞を買ってきて自分で見出しを書き込んでいったのです。用意した赤、青、黄色、緑のマジックで、新聞一紙ごとに「長嶋サヨナラ本塁打」「天覧試合でサヨナラ打」などと大きく書き込んでいったのです。

「長嶋の一発に尽きる。さすがにゴールデン
ルーキー。歴史に残る一発だ」

そんなふうに監督談話まで勝手にマジックで書き上げ、先に喜び、祝杯を上げていたのです（笑）。その予祝は、すべて現実となりました。

ソフトバンクの孫正義さんも、プロジェクトを立ち上げる際は、先に部屋のなかでガッツポーズをして、そのプロジェクトが成功したときのことをイメージし、先に喜んじゃうそうです。まさに前祝い、予祝です。

発明王エジソンも発明する前に、**「それをすでに発明しました」**と発表することがよくありました。もう先に記者発表して、できたことをお祝いしちゃうのです（笑）。

この「予祝」で倒産寸前の居酒屋を救った友人たちもいます。

当時、彼らは20代なかばで、居酒屋のオーナーに雇われて働いていました。ある日、オーナーから呼び出され、「ずっと赤字だから店をたたむことにした」と告げられてしまいます。しかし彼らは、このお店が大好きだったのです。でも、立地が悪くて、お客さんがなかなか入らない。そこで、当時のスタッフ５人で温泉に出かけ、その旅館で、こんな「遊び」を始めたのです。

「僕らの居酒屋はいま倒産寸前だけど、そこから一発逆転、大人気の居酒屋になって、本も出版されて、１０００名の前で講演しているという設定で講演しよう。まずは、この旅館の部屋が１０００名のお客さんのいる大ホールだと想像して、なんで成功したのか講演してみよう」

そしてこの講演会にテレビ局の取材も来ているという設定で、ホームカメラを回してインタビューし合ったのです。

「なんで倒産寸前のお店が大人気の居酒屋に復活できたんですか？」

現実は、倒産寸前なのに、そんなふうに聞いていくのです。
そして、聞かれたら、即座に答えなければいけないというのがルール。
この質問に、１人のスタッフがこう答えました。
「『俺たちみんな家族だろ！』のひと言にみんなのハートに火が点いたんです。それで、いままでお店に来て名刺交換してくださったお客様に、手紙を書いたんです。いかに僕たちがこのお店を大好きかって気持ちと感謝の気持ちを」

彼らは倒産寸前の状況で、史上最高の未来を想像し、それをすでに実現したという設

定で演技して喜び合ったのです。

彼らは「予祝」という概念を知っていたわけではないんですが、先に、前祝いをしたのです。

この日、浮かんだアイデアはノートにメモしておいて、お店に戻ってからすべて実行に移しました。すると、なんと1ヵ月で1年分の利益が上がったのだそう。そしてほんとうに超人気の居酒屋になり、1000人のホールで話すことになり、『20代の働く君に贈るたいせつなこと』（松本望太郎著、学習研究社）という本のなかでも取り上げられ、テレビ局まで取材に来たのです。

前祝いしたことが、全部、怖いくらいそのとおりに実現したのです。

これが「予祝」の威力です。

このことで、彼らも前祝いの効果を実感し、お客様と「前祝い飲み会」「前祝い乾杯」が広がったのだそうです。お客様の夢が叶ったことにして、前祝い乾杯をするのです。それで、本当に夢を叶えられたお客様もたくさんいるそうです。

たとえば、客室乗務員になりたくて、でも10年間トライし続けていてもなかなか夢が叶わない女性がいました。そこで試験前に前祝いプレートをつくって先にお祝いしてあげたのだそう。するとその年、見事に試験に合格し客室乗務員になれたそうです。

彼らの居酒屋の名前は「魚串炙縁《うおぐしあぶりえん》」。

東京の池袋から、細い路地を15分ほど行く、とてもわかりにくい立地ながら、現在、大繁盛で週に7回も通う熱烈なお客さんもいるほどです。立地と売上げは関係ないことがわかり、いまはさらにわかりにくい場所に2店舗目（『さーどぷれいす　和ビストロ　ほたる』）をオープンしました。

あなたも、仲間や会社で、ぜひ予祝ゲームをやってみてくださいね。

セカフザ定例会で、4人で、それぞれの夢がすべて叶った前提で話し合うのも楽し

いです。予祝ゲーム、たとえば、作家になりたい人にはこんなふうに振ってあげます。

「おおお。作家になりたい夢が叶ったそうじゃん。おめでとう！　で、どうしてデビューできたの？　本のタイトルは？」

そんなふうに聞かれたら、即座にでっち上げで答えるのが予祝ゲームのルールです（笑）。

とっさのひらめきに、思いがけないヒントがあったりするからです。

作家になりたいなら先に友達を呼んで出版記念パーティをやるのもいいし、ドンドン「予祝」（前祝い）をやっちゃってくださいね。

夢が叶うコツは面白がることです。

夢って「深刻さ」を嫌うんです。深刻になってると夢は自分から離れていきます。

「この仲間と過ごす時間がすでに最高だよね」。そんなふうに夢に向かうプロセスすべてを面白がれたら最強です。夢の途中こそ、まさに夢のどまん中ですから。でも、面白がっていると、夢は子犬のようにあなたについてくるんです。

Commented by 菅野

２００４年の夏に、地下室の居酒屋で夢を描き合い「お前ならできる！」とか「おめでとう！」って言い合ったのは、まさにこの予祝だね！　今度は、「セカフザ映画化決定！　ひすい役、キアヌ・リーブスに決定。おめでとう!!」ってみんなで激しく予祝しとこう！（笑）

［参考文献］
『明日が見えないときキミに力をくれる奇跡の言葉』（ひすいこたろう著、ＳＢクリエイティブ）

ROAD 04

世界一ふざけた夢を宣言してしまおう！

MOVE IT!
HOW TO CATCH OUR DREAMS MOST JOKINGLY IN THE WORLD

夢が叶った自分になりきって、前祝いをする。
これは、楽しいうえ、怖いくらい夢が叶うので、ぜひやってみてくださいね。
僕がお世話になっているセラピストの石井裕之さんもこう言っていました。

「Fake It! Until You Make It!」

ほんとうにそうなるまで演じ続ければいい。それが夢が叶う近道です。
では、あなたの夢をどう見つければいいのか？
夢がない人は何から始めればいいのか？
これから一緒に見ていきましょう。

というわけで、初めまして。天才プロデューサーの柳田《やなぎだ》厚志《あつし》です。天才は自称なので気にしないでくださいね（笑）。もちろんこれも「Fake It!」ですよ。

僕は、ずっとぼーず頭にしてたので「ぼーず」と呼ばれていたので、みなさんも遠慮なく「ぼーず」と呼んでください。あっ、呼びづらければ、キムタクとかでもいいですよー。

まずは自己紹介からさせていただきます。先ほど、ひすいさんがちょっと紹介してくれたように、たしかに1時間で2億円の売上げを上げたこともあります。現在、僕は、コンテンツプロデューサーとして活動しています。著者や各界のプロフェッショナルの方たちとタッグを組み、学校では教えてくれないけれど、幸せな人生のために必要な「ライフスキル」を提供するスクールを多数プロデュースしています。

プロデュースというのは、さまざまな分野の先生とみなさんをつなぐ「架け橋」だと思ってください。

先生たちは、自分の研究分野には当然、長《た》けていますが、どう広げていくかについてはまた別の問題になるので、それを僕が間に入らせていただき一緒に構築していくというのがプロデュースの仕事になります。

たとえば、堤真一さん主演で映画にもなった『神様はバリにいる』の、バリ島の「兄貴《アニキ》」と、6万人の視聴者とを結ぶ「生ライブ」を実現させ、業界でも大きな話題になりました。これは『出稼げば大富豪』（クロイワショウ著、ＫＫロングセラーズ）という書籍を読み感激し、この人の肉声を届けたいと企画したものです。

英会話の通信教育では、30万円する講座に、わずか1時間で６００名も受講生を集めてしまい、講師からは、サポートの限界で、「集めすぎだ！」と叱られたこともあります（笑）。集客できなくて悩む人が多いのに、僕の場合は、集めすぎて叱られるのです。

プロデュース以外にも、サプリ会社を立ち上げ３年で年商10億円に。投資教育会社も立ち上げから３年で年商３億円になり、また、初年度から全国ナンバーワンになったコインランドリーサービスなどの会社も、いずれも順調に成功させています。もちろん、すべて僕だけの力ではなく、一緒にプロデュースするチームの仲間や、各会社の優秀な社長やスタッフさんのおかげです。これ以上自慢していると、菅野さんにつっこまれますので、本題に入りましょう。

菅野さん、ひすいさん、そして、僕がセカフザで伝えたいことは、

「夢はラストシーンから描け！」

ということなんです。

そして、**「そのラストシーンを仲間と先に祝え！」**

ということなんです。これがセカフザ作法、基本の1つです。

『E・T・』『バック・トゥ・ザ・フューチャー』など、数々の作品でヒットをかっ飛ばし続ける世界最高のヒットメーカー映画監督スピルバーグ。彼は短時間で撮影を仕上げてしまう天才で、それほど早く撮れる秘密は、見せたいラストが決まっているからだそうです。スピルバーグ監督は、こう言っています。

「ラストシーンから描け」

「最初からつくっていく」という積み上げるスタイルでは、途中で行き詰まったときに方向を見失う可能性もありますが、ラストシーンが決まっていれば、途中で迷っても、向かうべき方向がわかっています。

ラストシーンから描く。これは、人生に置き換えるならば、ほんとうは、どうしたいのか？　どんな自分でありたいのか？　理想のゴールを最初に描き、そこから逆算していくという生き方になります。

とはいえ、実は僕は、具体的に、こんな仕事をしたいという夢はなかったんです。

それもそのはず。いま天職だと感じているインターネットでのプロデュースの仕事なんて、僕が20代の頃にはそもそもこの世に存在していなかった仕事だからです。

でも、やりたい仕事は浮かばなくても、僕の頭のなかには、こんな生活を送りたいという最高のラストシーン、最高のライフスタイルはありありと浮かんでいました。

それが、

「毎日サーフィンできる最高の環境に、大好きな家族と住み、世の中に喜ばれるビジ

ネスで、がっつり稼ぐ！」

毎日、サーフィンして暮らしたいなんて、チャ、チャ、チャラいですよね……。

でも、こんな小学生みたいな夢を真顔で僕は23歳のときに宣言したのです。

「お前、なに夢見てんだよ、いい加減大人になれよ」と言われる歳です。自分の夢と社会の常識との間で揺れるのはもっと前で、周りの友達はみんな、とっくにそこに落とし前をつけて、就職したり、大学院に進んだりしています。でも、僕だけはたった1人で宣言したのでした。でも、そのとき、僕は、こう加えたのです。

10年後に、そんなライフスタイルを手に入れる、と。

そうです。10年の猶予を自分に与えていたのです。

ROAD 04
世界一ふざけた夢を宣言してしまおう！

by 柳田厚志

「人は1年でできることを過大評価しすぎる。そして10年でできることを過小評価しすぎる」

こう言ったのは、かの有名なアンソニー・ロビンズだったか、僕だったか忘れましたが（笑）、まさにそのとおりなのです。


10年前、あなたは何歳でしたか？

そのときを振り返って、いまの自分を想像できましたか？

いまの自分の仕事を、家庭を、ライフスタイルを想像できましたか？

これは誰に聞いても、まず、ほとんどの人が、いまの自分を10年前には想像できなかったと言います。それは、そうですよね。仕事だって、住まいだって、家族だって、10年前からは想像できない未来に僕らは生きているのです。10年でできることって、ものすごくたくさんあるのです。

当然、あなたの描く理想のライフスタイルだって、「そんなのはムリだ！」なんて、誰にも否定はできません。これって素晴らしく勇気が出てきませんか。

10年後だったら、あなたの中の「子ども心」が持っている、「本当はこういうライフスタイルが理想だなぁ」という想いを全部実現する力が、あなたにはあるってことです。

もう一度ご覧ください。

「10年後に毎日サーフィンできる最高の環境に大好きな家族と住み、世の中に喜ばれるビジネスで、がっつり稼ぐ！」

ここには、どこに住むとは書いていません。毎日サーフィンできる環境であればど

こでもいいのです。誰と住むかも書いていません。大好きな家族ならいいのです。何の仕事とも書いていません。何の仕事がしたいかなんて、そのときわからなかったからです。世の中に喜ばれる仕事ならいいのです。いくら稼ぐかも書いていません。がっつり稼ぐのです（笑）。

そうなんです。僕は具体的にこういう仕事がしたいという夢は決まってなかったので、**誰とどんな生活を送りたいかという「ライフスタイル」を描いたのです。**

具体的にやりたいことがわからなくたって、理想のラストシーン、こうなっていたらうれしいというライフスタイルは描きやすいものです。

僕の描いた夢は、ある意味、抽象的で、いかようにでも「やり方」＝「何をやるか」は変えられるものです。なぜなら、「ライフスタイル」とは「あり方」を規定したものだからです。

「10年後にどうありたいか」を宣言したものだからです。

これくらい抽象的なほうが、あらゆる可能性を取り込める。実際に僕は、湘南という環境に出会い、いまの妻に出会い、そして、プロデューサーという仕事に出会ったのです。

それは、10年前にまったく想定していなかったものです。

やり方より、あり方。

あり方が決まればやり方は自然に流れのなかで決まってくるのです。

10年後、どんな自分でありたいか、誰とどんな生活を送っていたいのか、まずはそこをノートに描くのです。

そこをセカフザ仲間と祝うことから始めるのです。

Commented by 菅野

セカフザ講演会で、いつもぼーずが初っ端に言うセリフ。

「みなさんがいま感じてることはわかりますよ。イラストで想像するより、実物の僕のほうが数段カッコいいってことでしょ？」

これ、起業塾の講演登場時に俺が毎度笑いをとっていたセリフを完全にパクってる……しかも、パクって、いつもスベるのやめてー。まるで俺がスベってるみたいなので（笑）。

［参考文献］

『なぜジョブズは、黒いタートルネックしか着なかったのか？』（ひすいこたろう、滝本洋平著、Ａ－ＷＯＲＫＳ）

ROAD 05

何のために働くのか？
何のために生きるのか？

MOVE IT!
HOW TO CATCH OUR
DREAMS MOST JOKINGLY
IN THE WORLD

「10年後に毎日サーフィンできる最高の環境に大好きな家族と住み、世の中に喜ばれるビジネスで、がっつり稼ぐ！」というライフスタイルを決めた、オーストラリアでの出来事があります。

22歳から23歳の1年間、僕はオーストラリアに行ってサーフィンに出会いました。

でも、ほんとうは、「ラフティング」（ゴムボートで激流の川を下るレジャースポーツ）のガイドになりたくて、オーストラリアに行ったのです。

とにかく、大学を卒業したら、普通に就職するのがイヤだったんです。

「何のために働くのか？」

「なぜ、その仕事をするのか？」

ROAD 05
何のために働くのか？　何のために生きるのか？

by 柳田厚志

ということが、僕にとってはとても重要でした。時期がきたから就職というのがゆるせなかったのです。それがまだ見つかっていなかったんですね。

そんなとき、偶然出会ったのが、ある雑誌で見た、日本人ラフティングガイドの人の話です。本場・オーストラリアのケアンズで、ラフティングガイドとして活躍する日本人の記事を見て「これだ！」と稲妻《いなずま》が走りました。そして……、

「俺はオーストラリアでラフティングのガイドになる！」

そう友達に宣言し、親にも宣言し、就職活動をいっさいしないで、卒業後にワーキングホリデービザで行きました。

自慢じゃないですが、ほぼ１００％就職か大学院に進学する国立大学を卒業しながら、お金を払えば誰でも取れるワーホリビザで行ったのです。普通は休学していくのでしょうが、僕にはその選択肢はありませんでした。

なぜなら、その後はビジネスビザに切り替えようと思っていたし、何より休学して行くなんて、**退路を絶ってない**ので中途半端でカッコ悪いと思っていました。でも親からしてみれば、苦労して3人の子どもを育て、一番末っ子の僕を共働きで大学にまで行かせましたから、それはそれは、きちんと就職してほしかったに違いありません。

「何のために大学に行かせたと思ってるの！」という母の、親としてごく当たり前の叫び声をかわし「大丈夫、俺を信じてくれ！」と啖呵《たんか》を切って、友達にもラフティングガイドとして活躍することを宣言して渡豪したのです。

そして……。

オーストラリアに行った瞬間に、**サーフィンにハマりました。はい。あれだけ夢を語った、ラフティングを一度もすることなく！（笑）**

ラフティングをいっさいすることなく、僕は1年間のビザを最大限有効に使って、毎日サーフィンをしました。

そうなんです、夢ってこれくらい軽くていいんです。

そう、夢は菅野さんの存在のように軽くていいんです（笑）。

でも僕は、このときのオーストラリアでのサーフィンとの出会いが、人生最大の転機になったのです。理想のライフスタイルに出会わせてくれるために、神様がオーストラリアに行かせてくれたのかな、と15年たったいまでは、そんなふうに思うのです。

当時、ワーキングホリデーというビザを使って、韓国人と香港人の友人と一緒に、働きながらオーストラリアを車で旅していました。お金がなくなれば現地で働いてお金を稼ぎ、やりたいこと、行きたいところに行って、そこでお金がなくなればまた働いて稼ぐという生活です。

そこでたどり着いたのが、バイロンベイという小さな町です。

旅をしながら、会う人、会う人に、「サーフィンするなら絶対バイロンベイに行け」と言われ、導かれるようにたどり着いたのが、バイロンベイでした。そして、バイロンベイという町との出会い、人々との出会い、ライフスタイルとの出会いが、その後の僕の人生を大きく決めたのです。

バイロンベイはとにかく最高でした。とても小さな町ですが、世界中からあらゆる種類の人々が集まってくる町です。最高にメローな波が毎日あって、水もきれいで、暖かいのでサーファーはもちろん、その独特の環境に、アーティストやオーガニックでピースな人々が集まり、コミュニティーを形成しています。また世界中からツーリストが集まり、ヒッピーからセレブまで集まる本当に懐《ふところ》の広い町です。

バイロンベイには、マクドナルドやスターバックスといった、世界のどの街にもあるグローバルチェーンが進出できません。そういう世の中のグローバル化の対極にある町なのです。

だから誰もが「最高！」「また来たい！」となるのですが、僕も例に漏《も》れず、バイロンベイが大好きになりました。それで、サーフィン三昧をしながら、「この

町で働けたらなぁ」と思っていたところで、僕を拾ってくれたのが、バイロンベイでユースホステルを経営するジェフとサンドラ夫妻でした。

実際にオーストラリアに行ってとても感銘を受けたのが、働かせてくれたホテルのオーナーのジェフの生き方でした。

彼はオーナーという立場を超えてスタッフにもゲストにもフレンドリーに接して、仕事はワーキングホリデーでやってくる世界中の若者に任せて、夫婦共々遊んでいる感じのセミリタイアのような優雅な生活をしていました。その雇用方針が素晴らしくて、彼らはけっして地元のオージーを雇用することはありませんでした。代わりに、僕らのような旅行者を雇ってくれたのです。

「オーストラリア人は自国なのでいつでも仕事が見つけられる。でもキミたち旅行者

は仕事を探すのが大変だから」

と、サラリと言うのです。カッコいいですよね。

別にジェフのホテルは四つ星や五つ星のホテルではありません。ユースホステルですから。でも、リピーター客は多く、彼らを好きで毎年戻って来る人が世界中からいました。何を隠そう、僕もそうで、帰国してからも毎年毎年、バイロンベイに戻り、かつて働いた、ジェフのユースホステルに泊まっていました。

僕は彼らの生き方に惚《ほ》れました。彼ら夫婦は、ホステルの運営を僕らに任せて、キャンピングカーでオーストラリア中をよく旅していました。いつでもサーフィンができ、仕事も順調で、雇用を創出し、多くの仲間たちに囲まれて自由に生きる、そんな人生を送りたい。

僕はそんな彼のライフスタイルを自分もいつかしようと心に誓ったのでした。

実は夢の1つである、「世界中のサーフスポットにホテルを持つ」というのも、このときの体験がベースです。


バイロンベイでは、ほかにもたくさん、僕のいまのライフスタイルを形づくるうえで影響を与える出会いがありました。

たとえば、毎日サーフィンをしていると、夕方の海には、仕事を終えたローカルの人たちがやって来ます。そのなかに、ものすごくダンディーで、サーフィンがうまくて、みんなに一目置かれているおじさんがいました。

で、そのおじさんですが、めちゃくちゃサーフィンがうまくて、いい人でカッコいいんですが、仕事はスーパーの仕出しをしているんです。昼間とかに町で1軒しかない大型スーパーに行くと、彼が陳列をしているんです。

なんだかそのギャップがとても素敵でした。

サーフィンの素晴らしいところは、海のなかでは誰もが平等というところです。年齢も性別も肩書きも仕事も国籍も関係ありません。いい波がきたら順番に、波をシェアし合って乗っていく。初心者でも一生懸命なやつには、「行きな！」って譲ってくれる。ガツガツしていなくて、みんな優雅に楽しそうに１日の終わりを満喫しているのです。

バイロンで海から見る夕日は、たとえようのない美しさでした。

そんなサーフィンと日常生活のあり方がとても僕は好きでした。そんな感じで、サーフィン三昧の日々に明け暮れたため、ラフティングのほうは、１回もやらずに帰って来ちゃったわけです（笑）。でも、おかげで、本当に魂が喜ぶライフスタイルをオーストラリアで毎日先取りできたのです。

日本に帰って来た僕は、このときの生活、いつでもサーフィンができるようになる

ために、最高の環境に身を置くこと、つまり、目の前に海があり、いい波があればいつでもサーフィンができる環境に住むことを決めました。それを10年後には必ず叶えるという夢にしたのです。

どんな仕事をするかを決めたのではなく、どんな生活を送りたいのかを決めたのです。

人生とは仕事だという方もいますが、僕は人生は「生活」だと思っています。何のために生きるのか？　生きるとは日々の生活です。

だから僕は、理想のライフスタイルを先に描いたのです。

そのときは23歳か24歳だったので、キリよく35歳までには、このライフスタイルを実現すると誓いました。

今度は自分に、自分自身に誓ったのです。

海が目の前の家に住み、サーフィン三昧の生活を思い描きました。ついでに、その頃であれば家族もいるだろうと考えて、そこに家族と住んでいる姿も思い描きました。サーフィンができる海が目の前にある家で、家族と一緒に生活するという夢ができたのですが、肝心の仕事についても考えなければなりません。朝いい波があっても、その前に家を出なければならない仕事だったら、この夢は実現しません。

そうは言っても、いいかげんな仕事をして、ただ単にサーフィンができるという環境は絶対にイヤでした。なぜなら、オーストラリアでジェフと出会って、ワーキングホリデーで来た外国人を雇い、世界から友達のようにゲストがやって来る生活に出会って、彼のようなカッコいい生き方をしたいと思ったからです。

仕事に関して、僕が決めたことはただ1つ。

「お金のために働くのではなく、魂が喜ぶ仕事をしよう」です。

何をするかはまったくの白紙。というか、いま思えば何でもよかったのです。

「魂が喜ぶ仕事ぶりをしよう」

ということだったんだろうと思います。

そう。「仕事」ではなく「仕事ぶり」です。だから何でもよかったのです。

ただ1つ譲れないのは、僕自身の魂が喜び、同時にそれが世の中に喜ばれる仕事であり、仕事ぶりであることです。そして、このライフスタイルを実現するには、当然そのうち、自分で事業をしなければムリだと思っていました。サラリーマンでは難しいライフスタイルですから。そんな想いやあり方から、僕が立てた夢は「やりがいのある仕事でがっつり稼ぐ」というものになったわけです。

あの〜、いつもサーフィン三昧の生活を満喫しているとカッコいいことをおっしゃっていますが、ぼーずと知り合ってからはや12年。いまだに丘サーファー疑惑が消えません。いったい、いつになったらサーフィンしている写真を見せてくれるのでしょうか……??

ROAD FOR REST

01 世界初のセカフザ婚！

『セカフザ』が発売されてから、僕たち３人は全国各地に呼ばれて、トークライブを行ってきました（開催の方法は『セカフザ』に書いたとおり）。これまでに全国12ヵ所、延べ１５００人以上の方とお会いしてきました。

主催している方たちは、まさに４人で夢を叶えるセカフザスタイルで、人生が変わったという方たちばかり。なかでも、北海道の旭川に僕らを呼んでくれた男性の片山さんと女性の青木さんの２人は印象に残っています。

おふたりとも北海道旭川市にお住まいで、片山さんは学校の先生、青木さんはアロマテラピーのお店を経営されています。彼らも『セカフザ』を読んで、さっそく仲間４名で集まり夢をノートに描きました。

そもそも２人の出会いは、とある読書会で、『セカフザ』を紹介されたのが縁で「世

ROAD FOR REST 01
世界初のセカフザ婚！
by 柳田厚志

界一ふざけた夢の会」を結成。ちゃんと地下の居酒屋を会の名前で予約して始めたそうです。

途中、片山さんのほうは、「結婚します！」という夢をノートに書いていたのですが、具体的なお相手がいたわけじゃないんです。

そして、月１回の定例会が地下の居酒屋で始まったのです。

読書会で出会ったときは、青木さんは片山さんのことを男性としては見ていなかったそうですが、毎月、定例会で会ううちに、徐々に意識をし始め、なんと、片山さんも青木さんを意識するようになり、セカフザをするうちに、両思いになり交際が始まったのです。

２人は、ほかのセカフザ仲間にはとくにお付き合いを公表せず、旭川の主催者として僕たち３人のトークライブを開催してくれたのでした。２人はさりげなく自分たちでチケットを買って、なんと、それぞれの両親までをも招待していたのです。

それも両家をさりげなく隣同士に座らせて。

もう半ば強引に両家顔合わせを済ませてしまうという荒業に出たのです（笑）。

２人がお付き合いしていること、この日、初めてお互いのご両親が隣の席で顔を合わせることは、僕たち３人も知らされていません。それが裏目に出ました。

この日の講演、菅野さんの下ネタが冴《さ》えに冴えまくってしまったんです（笑）。

菅野一勢、キレキレの下ネタトーク炸裂です。

ご両家が見守るこんな大事な日に！

２人のご両家の人たちは、いったい、なんでこんな男の講演を主催したのだろうといぶかしがっていたことでしょう（笑）。

さて、そんなことがあったのを知ったのは、トークライブが終わってからの懇親会の席でした。僕が気になったのは、ご両親のこと。菅野さんのあまりの下ネタ炸裂ぶりに、両親が２人の結婚に反対されるのではないか、両親がゆるしてくれないのではと心配が残ったのです。

しかし、ここで、懇親会の席で、ひすいこたろうの名言が飛び出しました。

「両親がゆるさなくても、天はゆるしてくれる」

それだけ言うと、ひすいさんは再び夢中で鶏の唐揚げをほおばり出しました。しかし、僕の心配は杞憂《きゆう》に終わり、その後、２人のお付き合いは順調に進み、そんな片山さんと青木さんから、講演会から約10ヵ月後、「無事に結婚しました」という報告が届きました。

ついに、世界初の「セカフザ婚」が生まれたのです。

すごいですね。僕ら自身も「セカフザ」効果にびっくりしています。

片山さんと青木さんと一緒にセカフザをやった仲間たちも大活躍で、１人は夢を叶えるために転職し、１人はＮＰＯを立ち上げてテレビにも頻繁に登場するようになったというから驚きです。いまも４人で夢を加速させているそうです。

おそらく地下の居酒屋で夢を語り合っているうちに、意気投合しすぎてお互いが好きになって……というセカフザ婚は今後も激増していくことでしょう。

読者のみんな！

そんな恋が芽生えそうになったら、両親に紹介する前に、ちゃんと僕らに報告しろよ！（笑）　ご祝儀は贈らないけど、この言葉は贈るからー。

「お前らならできる！」

ROAD FOR REST 01
世界初のセカフザ婚！
by 柳田厚志

Commented by 菅野

トークライブでは、僕の下ネタ連発になってツイてましたね（笑）。

なのでこの場で、おふたりに（またこれから結婚される読者がいたら）お祝いの言葉を贈ります。

「おふたりに贈る言葉は『96÷2』です。答えは48。どんな苦労（96）も2人（2）で分かち合えば、
幸せ（48）になるんです」

感動した？　ひすいさん、これ、あくまでも僕の言葉ですからね（笑）。

第 02 幕

夢は「逆算」で叶える！

ロールモデルを見つけ、未来のヴィジョンを受け取り、
最高のライフスタイルを描こう。

ROAD 06

「叶える」ではなく、「叶ってしまう」夢の描き方

MOVE IT!
HOW TO CATCH OUR DREAMS MOST JOKINGLY IN THE WORLD

「ダイエットできない！」と言ってる人ってけっこういますよね。
ズバリ、僕はその人は、ウソをついてると思っています。
1ヵ月で3キロ痩せたら小栗旬とデートできるって言われたら、

どうせ、ダイエットできるに決まってます。

違いますか？（笑）

「部屋が片づけられない」という人も僕は疑っています。
「1週間で部屋をきれいにしたら5億円あげるよ」と言われたら、

どうせ、片づけられるに決まってます（笑）。

夢が叶わないのは、才能がないからじゃないんです。

ほんとうにやりたいことに向かってないだけなんです。

やりたいと言いながら、優先順位がトップじゃないだけなんです。

人はめちゃめちゃワクワクしたら、どんな難攻不落の城をも突破し、必ずやり遂げてしまう生き物です。

根性が足りないわけじゃないし、才能がないわけじゃないんです。

ただ、情熱のスイッチを押してないだけなんです。

ほんとうは何したいの？　どんな自分になりたいの？

自分のほんとうの気持ちに耳を傾けたら、

どうせ、うまくいくのに！

僕の知り合いで、１億円の借金を背負った方がいます。

1億円の借金を背負って、どう返せばいいかわからず、何から手をつけていいかもわからず、途方にくれていたそうです。

でも、きっかけがあり、気持ちをあらためて、いったい毎月いくら稼げば1億円を返せるのか具体的に計算してみたのだそうです。しかし、計画を立てているそばから、ドンドンやる気が失われていったそうです。

1億円返さないと人生ヤバいことになるのに、どうしても、やる気が起きない。何でだろうと考えていたら、どうやら、目標の立て方が違うんじゃないかと気づいたそうです。何でやる気が起きなかったのか、それは、1億円の借金をゼロにするという目標でがんばっていたからだったのです。成功しても、借金がゼロになるだけの目標なので、まったく、ときめかなかったんです。

その目標の立て方が間違っていることに気づいて、1億円の借金をゼロにすることじゃなくて、**1億円の借金を返して、そのあとどんな生活を送ったら最高の人生だと言える**

のか想像してみたのだそう。

ぼーずクンのように、どんな生活を送りたいのか、その最高のライフスタイルを描いてみたのです。

1億円の借金を返したうえで、どんな生活を送りたいのか？　月々どれぐらいの収入があって、心から何をしたいのか想像してみたのです。

その方は、お子さんがいて、すごく仲が良くて、奥さんとも仲がいいので、毎月1週間休みをとって家族でハワイ旅行とか沖縄旅行とか、家族旅行に行くというライフスタイルを描いてみたら、途端にワクワクしてきたといいます。

想像していたら、家族旅行にほんとうに行きたくなって、借金してるのに、さらに借金をして1週間休みを取って家族で旅行に行っちゃったんだそうです（笑）。

借金を抱えているど真ん中で、1週間家族旅行に行ってしまったのです。

先にやって喜びを味わってしまう。いわば、これも「予祝」。前祝いです。

すると、「俺はこういう人生をこそ過ごしたい！」という思いがお腹のそこからふつふつと湧き上がってきたのだそうです。

情熱にスイッチが入ったのです。そうしたら新しい仕事とのご縁も生まれて、なん

と1億円返してしまったのです。

情熱にスイッチが入れば、人は勝手にやり出します。うちの息子が夜中の2時まで、隠れてでもゲームをしてるように、情熱に火が灯《とも》れば、人は徹夜したって、隠れてだってやるんです。

隣のリビングに、ものすごい美味しいケーキが置いてあったら、食べに行きたくなりますよね。それはもう努力じゃないんです（笑）。行きたくなるんですよ。行きたくなってしまったら、人は勝手に努力するので、結果は出てしまうのです。

一番大事なものに、一番大事ないのちをかけたら、夢は、案外、あっさり叶います。

キミのいのちの力をなめんなよ！

Commented by 菅野

ひすいさん、あなたの講演会、いつも前半グダグダで中盤くらいから急にスイッチ入るけど、あれは「情熱のスイッチ」ではなく、完全に「開き直りのスイッチ」だよね（笑）。

ROAD 07

あなたが憧れるロールモデルは誰？

MOVE IT!
HOW TO CATCH OUR
DREAMS MOST JOKINGLY
IN THE WORLD

夢は逆算で叶えます。ゴールから描きます。

「人生」とは、「生活」のことですから、あなたの理想のライフスタイルを描くことから始めればいいんです。そのステップを僕なりの経験からお伝えしてみたいと思います。

まずは、あなたの憧れの人、ロールモデルから考えてみましょう。

ロールモデルとは、「自分もこの人みたいな生き方がしたい」「こういう生活が理想」「あの人の生き方に学びたい」といった、あなたの理想のライフスタイルをすでに体現している人であり、あなたの魂が喜ぶ価値観、生き方、生き様のモデルです。

ワークシートがついていますから（１０２〜１０３ページ）、あなたがほんとうに憧れるライフスタイルを実現している人について、書き込んでいってください。

ROAD 07
あなたが憧れるロールモデルは誰？
by 柳田厚志

僕の場合、ロールモデルを追求していたのは、大学生のときでした。高校生までは本気でプロ野球選手になろうと思って、同じポジションの名選手・巨人の篠塚選手のようになりたいと思い野球を追求してきましたが、その夢も破れ、これからの生き方や働き方、もっと言えば、追求できる夢をどうしようと思っていたときでした。

だからよけいに、大学の４年間はロールモデル、自分が理想とする生き方をしている人を探していました。

当時といっても、もう20年近く前ですから、まだネットもそれほど発達していない時代です。ですから、そうした出会いは本でした。本を読みあさるなかで僕が一番影響を受けたのが、高橋歩《あゆむ》さんの

『毎日が冒険』（サンクチュアリ出版）

という本でした。

僕はこの本に衝撃を受けて、大学の友人にも読ませて、そいつと一緒にヒッチハイクで静岡から東京の吉祥寺まで、歩さんに会いに行きました。そこで本人ともお話しさせてもらい、ますます興奮。彼のような生き方がしたいと本気で思いました。

あれから十数年後ののちに、僕がセミナープロデュースの会社をやるようになって、高橋歩さんを講師に５００名のトークライブをやったときは、人生の素晴らしさを感

じましたね。

オーストラリアから帰って来てからは、何と言っても我らのヒーロー斎藤一人さんや、高城剛さんの本をたくさん読んでいました。

仕事では、『戦わない経営』（かんき出版）という本を書いた浜口隆則さんや、フォレスト出版から出ている、中小企業コンサルタント竹田陽一先生の『小さな会社★儲けのルール』。

この2冊には、自分で独立して事業をしようと思っていましたから、ものすごく影響を受けました。とくに『戦わない経営』の浜口さんには、会社のビジョンやあり方の面で、竹田先生には具体的な生き残る戦略の面で非常に影響を受け、自身の会社でも生かしてきました。

こういった本に出会いながら、時に本人にお会いしながら、「こういう生き方がいいな」「こういう会社をつくろう」「事業をやるんだったらこういうビジョンでやっていこう」など、まさしくロールモデルにしていきました。

ワークシートで、あなたが生き様やライフスタイルに憧れる人がいるか、もう一度

掘り下げてみてください。そして、そういう人や生き方やライフスタイルが見えていたら、**次はあなたがその人のどんなところに惹《ひ》かれたのかを書き出しましょう。**


どこに惹かれたのか、そこを考えるのが非常に大事です。

僕が言いたいのは、その人のコピーになっても仕方がないということです。

あなた自身がその人、生き方、ライフスタイルに惹かれるということは、その人（生き方・ライフスタイル）のすべてではなく、**同じ価値観の部分があるということです。**


同じ価値観の部分が何なのかを自分のなかで掘り下げてみることが大事なのです。

たとえば僕が憧れた高橋歩さんだったら、仲間とバーを経営し、そこに集まる若者

と触れ合いながら、次々に面白いことやアイデアを事業化しています。出版社をつくってしまったり、世界中にホテルやレストランをつくってしまったり。自身はそういう世界中のアジト（拠点）を回りながら生活を送っています。つまり、「仲間」と「仕事」と「遊び」の境目がないライフスタイルを享受《きょうじゅ》しています。

僕は、高橋歩さんの**遊びを仕事にしてしまう部分に惹かれていたのです。**

高城剛さんは、家を持たずに世界中を旅しながら、行く先々で仕事をし、その様子をメルマガで発信もしています。世界中を移動し、現場を体験しながら発信する情報は、誰の借りものでないオリジナルな「言葉」なのです。僕は、高城剛さんのそこに惹かれたのです。

斎藤一人さんの場合は、「心の部分」です。人生における考え方の部分で、能力やお金ではないというところです。だから自分も「ツイてる人」になろうと。

仕事やビジネスでは、会社や企業そのものをロールモデルにできます。

パタゴニアという会社をご存じでしょうか。創業者のイヴォン・シュイナードは、

ROAD 07
あなたが憧れるロールモデルは誰？

by 柳田厚志

サーファー兼ロッククライマーです。アイデンティティーもビジネスマンというより、生粋のアウトドアマンがビジネスを始めたという感じです。

「波がよければサーフィンに行こう、仕事はいつでもできるけど、いい波は二度とこないのだから」と言う最高の人です（笑）。

社員のほとんどがサーファーで、出社前や昼休み、仕事終わりにみんな、カリフォルニア州ベンチュラにある、海が目の前のオフィスからサーフィンに行くような、そんな会社です。

ちなみに鎌倉にある日本支社でも、同じような感じらしいです。でも、パタゴニアはそんな自由な社風だけではなく、社会へのあり方も素晴らしいのです。パタゴニアの「ミッション・ステートメント」にはこうあります。

最高の製品を作り、環境に与える不必要な悪影響を最小限に抑える。そして、ビジネスを手段として環境危機に警鐘を鳴らし、解決に向けて実行する。

僕がパタゴニアを、イヴォン・シュイナードを好きなのは、単にサーフィンが自由にできる会社をつくっているからではありません。こうした、社会や地球環境に配慮した製品づくりを通じて、社会に警鐘を鳴らし、環境を保全しようというメッセージも同時に伝えているからです。

我々は生きているだけ、経済活動をしているだけで、環境にダメージを与えるのは仕方がない。だけど、できるだけ環境にダメージが少ない製品をつくって、再利用していこうという精神を掲げているのがパタゴニアという会社です。

自分たちの自由なあり方と社会への貢献を高い次元で実現しているからこそ、惹か

れるのです。

僕はこういうビジョン、ミッション、メッセージを打ち出している会社にすごく惹かれて、自分も会社をつくるならそういう会社を目指したいと思い、パタゴニアや浜口さんのビジネスバンク社を参考に、「チアーズ」という会社を経営しています。

最後にイヴォンの言葉を紹介しましょう。

「魂にとって心地よい生き方がしたい」

まさに彼は、僕にとっての人生のロールモデルそのものです。

以上、このワークでは、その人（生き方・ライフスタイル）のどの部分や価値観に惹かれるのか、そこから感じるあなた自身の感情、さらにその感情から生まれたキーワードを書き出すところまで落とし込んでいってほしいと思います。

自分のライフスタイルのキーワード、たとえば僕なら「自由」「海」「サーフィン」や「家族」「子ども心」「社会貢献」「ビジョン」などが出てきます。

そういうキーワードのなかから、これだけは譲れない、自分が本当に大切にしている価値観が見えてきます。

あなたの価値観を無視しては、ほんとうの夢は叶えられません。

このワークであなたの夢と価値観を一致させてみてください。

一番大事なものが見えたら、あとはそれを一番大事にして生きていけば幸せになれます。人生はとてもシンプルになります。

Commented by ひすい

「ミッション・ステートメント」

自分が自分である宣言、いわば自分の憲法を一文にしてみるのもオススメ。僕なら、「この星のドラえもんになる!」です。4次元ポケットから次々にあなたを幸せにする、ものの見方をプレゼントする存在になりたいわけです。ぼーずクンなら、「サーフィンの片手間に世界を変える!」。ナイキだったら「世界中のすべてのアスリートにインスピレーションとイノベーションをもたらす」。永谷園は「味ひとすじ」。で、菅野さんのミッション・ステートメントは、「金ひとすじ!」(笑)。

ROAD 07
あなたが憧れるロールモデルは誰?

by 柳田厚志

4 ほかに、その感情を得られるものはありませんか？

5 あなたのライフスタイルのキーワードは何ですか？

WORK 01

1 生き様やライフスタイルに憧れる人はいますか?

2 その人のどういう部分に憧れますか?

3 なぜ、そのライフスタイルに憧れますか?

ROAD 07
あなたが憧れるロールモデルは誰?

by 柳田厚志

ROAD 08

ロールモデルの「履歴」こそ宝地図

MOVE IT! HOW TO CATCH OUR DREAMS MOST JOKINGLY IN THE WORLD

さて、全世界に1億人いると言われる菅野ファンの皆様、長らくお待たせしました。菅野一勢です。ズバリ言いましょう。

夢の最短距離を見つけたいならば、あなたの目指している先生を見つけることです。これは、ぼーずが言っている憧れのロールモデルを見つけるという話と一緒。しかし、そのときに注意しなければならないことがあります。それは、

ロールモデルにしたプロが、ほんとうに幸せなのかどうかを見ることです。

プロの先生がすごく不幸だったりしたら、あなたが目指したゴールは不幸になってしまうからです。

僕は、新たなビジネスを始めるときには、そのジャンルで成功している同業他社のリサーチを徹底的にします。

たとえば、会社にしろ人にしろ、選ぶ際に、これは本物なのかという見きわめが大事なんです。それこそ、あなたが師匠とする人が偽者だったら大変な目にあいます。ですから、リサーチを徹底的にし、師匠を見きわめます。師匠が見つかったら、あとはラクです。その人がいままでたどってきた道を教えてもらえますから、そのとおり進めばいいだけです。

たとえば、ベストセラー作家になりたければ、ひすいさんを真似てみるのもいいわけです。ひすいさんがやってきたことは、たどった道を見ていけばわかります。

まったくの無名だったひすいさんは、「名言」という小さなジャンルに絞り込み、そこでブログとメールマガジンを毎日配信していくことで、「名言ならひすい」と言われるようになっていきました。

小さなジャンルで1番を目指す。

まず、このことがひすいさんから学べます。

さらに、ひすいさんは自身の「コピーライター」という仕事と、「心理カウンセラー」としての資格を生かし、**「コピーライター」（名言）×「心理カウンセラー」（セラピー）＝「名言セラピー」**と、2つの持ち味を掛け合わせると、すぐに自分らしさを出せる。そう、ブログでも明かしてくれていますから、そこもとても参考になります。

そして、ひすいさんがやったのは、ブログ、メールマガジンで毎日文章を発信していくこと。最初はほとんどアクセスがなかったわけですが、とにかく毎日1本原稿を書いていました。毎日書いていたから、文章力が目に見えて上達していくのが読んでいてわかりました。

そして、ただやみくもに書いていたわけじゃないこともブログを見るとわかってきます。話の内容もひすいさんの得意分野である「幸せになる考え方」を核にしながらも、表向きは、「仕事」の話から入ったり、「お金」や「恋愛」や「健康」の話を入口にしたりと、より多くの人の関心にヒットするように、読者さんの反応を見ながら、

工夫と改善を繰り返し、試行錯誤しています。

さらに、ひすいさんのブログを読むと、初期の頃は、同じ内容で3つの違うブログにアップしていたとあります。その3つのなかで最終的に一番アクセスが集まったブログに絞ったわけです。核となる自分の持ち味を、どの場所で、どのように見せたら一番需要とマッチングするか試行錯誤しているわけです。ここもポイントです。

そして、ある日、本屋さんに行ったら、出版社のディスカヴァー・トゥエンティワンさんの白紙の本を見つけたと言います。「ここに自分の思いを書いて、送ってください。賞を獲れたら本になります」というようなことが書かれていたそう。それで、ひすいさんは、思い切ってそれに応募してみたのです。

行動しなければ、何も始まらないのです。

ひすいさんは、それまで1年近く毎日配信していたものから、反響の高かったものベスト60の原稿を選び再編集して応募したと言います。自分で選んだのではなく、読者目線で人気の高かったものから選んだところもポイントですね。

すると、応募した原稿は、何百と応募のあった作品のなかから、見事6点ほどのノ

ミネート作品に選ばれたのです。そこからは、先ほどもひすいさんが書いていたように、読者投票になりました。当時、僕のメルマガはけっこう人気があったので、ひすいさんに投票してくれるよう応援したんです。すると、ひすいさんだけ票がドーンと上がって……。

あれあれ……。考えてみたらひすいさんがデビューできたのは僕の力ですね（笑）。

そして、ついにネット投票で1位を獲得して、めでたく、『3秒でハッピーになる名言セラピー』で、ひすいさんはデビューできたのです。

ひすいさんのブログとメールマガジンを読むだけでも作家になれた過程がこうしてわかってくるんです。

成功者の例を知らずに、ただやみくもに原稿を書いて適当に出版社を回っているだけでは、何のノウハウもないですし、かなり遠回りになります。

夢というのはきちんと道筋を立てて、計画を持たないとなかなか実現しづらいのも

事実なんです。僕は、「チャラい、チャラい」とよく言われるんですが、実際の僕はどうかというと、実際もチャラいんです。

（やっぱり、チャラいんかい！ byひすい）

でも、成功者の事例のリサーチだけは、徹底的にまじめにやります。

なぜなら、そこがしっかりできれば、チャラくても、夢はけっこう簡単に叶ってしまうからです。成功者の足跡（履歴）こそ、宝のありかを示す宝地図です。

想像（イメージ）できないものは創造できません。

でも、成功者の道筋を知れば、おのずとイメージが見えてきます。

想像できたら、それは創造できるんです。

では、まとめます。

ROAD 08
ロールモデルの「履歴」こそ宝地図

by 菅野一勢

【ベストセラー作家になったひすいこたろうの履歴事例】

・コピーライターという仕事と、プライベートで資格を取得していた心理カウンセラーという2つの要素を掛け合わせることで、名言を心理カウンセラー的に解説するという「名言セラピー」というコンセプトを見いだす。

←

・ノートにそのコンテンツがベストセラーになったことを書いて、仲間たちと前祝い。

←

・ブログを開設して毎日文章を書き、どんなふうに書くと反響があるか試行錯誤する。

←

・3つのブログを試し、どの媒体が一番アクセスが多いか探る。

←

・メルマガを発行して、少しずつ自力でファンをつくっていく（新たな媒体の開拓）。

←
・本になる可能性のある賞に原稿を応募。
←
・めでたく出版。仲間たちの協力のもとベストセラーに。

こんな感じで、その道のプロ、その道の成功者がたどった「履歴」をつくって、まずは同じように動いてみることです。これが夢を叶える最短距離です。

「まなぶ」とは「まねる」ことなんです。

「学ぶ」と「真似る」は語源は一緒です。成功者をマネることから始めよう。

Commented by ひすい

セカフザトークライブに来てくれたお客さんが、菅野さんを見て必ず言うセリフ。「あんなチャラくていいんですね。なんだか気がラクになりました」（笑）。チャラさは世界を救うのだ！

WORK 02

夢を叶えた人のたどった履歴（道筋）を書き出してみよう。

ロールモデル：

1

↓

2

↓

3

↓

4

ROAD 09

自分の「種《たね》」の中身を知る

MOVE IT!
HOW TO CATCH OUR DREAMS MOST JOKINGLY IN THE WORLD

ミカンはミカンの木になるのが自然です。
リンゴはリンゴの木になるのが幸せです。
あなたも同じです。あなたは、あなたになるのが一番自然だし幸せなのです。
１人ひとり自分らしさの「種」が違うのです。

菅野さん、ぼーずクン、ひすい、僕ら３人も、自分らしく幸せになるスタイルはみんな違います。僕が心理療法を学ばせていただいた、矢野惣一《そういち》先生は、世の中には、「商人タイプ」と「職人タイプ」の２種類の人がいると言っています。
以下、矢野先生のブログ「癒《いや》されながら夢を叶える『優しい生きかた』の心理学」より引用させていただきます。

ROAD 09
自分の「種」の中身を知る
by ひすいこたろう

職人タイプの人は、自分の技能を高めた先にお客さんの幸せがあります。

一方、商人タイプの人は、まずお客さんのニーズをつかんで、それを満たす商品やサービスを提供するために人や物を集めます。だから、職人と商人では、必要な能力がまったく異なります。

職人に必要な能力は、自分の技能を究極にまで高めること。修行、修行、勉強、勉強です。そして、職人タイプの人は、それが好きで楽しくて仕方ありません。仕事をしているときは、ほとんど「フロー」（※）に入っています。損得を抜きにして自分の力を出し切った最高の商品、サービスを提供しようとします。

（フローとは、人が作業に深く集中し、時間や自我の感覚が希薄になり、普段の自分の能力を超えたパフォーマンスができている状態。スポーツでは「Zone」（ゾーン）と言われることが多い。心理学者のミハイ・チクセントミハイによって提唱された理論）。

一方、商人に必要な能力は、世の中のニーズをつかむ嗅覚。そして、それを満たすために人を集める力、仕事の割り振り、管理能力や統率力。価格や利益分配を決める折衝力。そして何よりも集客力。こんなふうに職人と商人ではまったく必要な能力が違うのです。（引用ここまで）

この例で言うと、ひすいは完全に「職人タイプ」です。

「これをやると儲《もう》かる」と言われても、なかなかテンションが上がらないんですね。

それよりも、みんなの心に革命を起こせるような本をつくりたいと、作品を制作しているときが一番燃えます、萌えます。

こういうタイプは、ものづくり一筋の職人タイプです。明日から1週間、何をしてもいいし、いくらお金を使ってもいいと言われても、僕はひたすら本を書いていたい。もう完全に職人オタクです。


一方、菅野さんは、「商人タイプ」。

お金になること、ニーズがあるところにワクワクするので、逆に何でもできちゃうんです。菅野さんは、焼き鳥屋から、ラーメン屋、化粧品の販売、ダイエットサプリの販売、カレー屋、投資、不動産、出版社、フィットネスジム、情報起業など、ニーズがあるものなら、何でも楽しくできちゃうオールラウンドプレイヤーです。

とくに菅野さんの場合は、すべて自分でやろうとせずに、人に任せられるので、ド

ンドン、オーナーになれちゃいます。

では、ぼーずクンは、どのタイプかと言うと、職人と商人の感性を両方併せ持つ、

「プロデューサータイプ」です。

自分は縁の下の力持ちとして陰に回り、職人と商人を結び、より多くの人に広げていくプロデューサータイプ。ぼーずクンの好きな言葉は「花よりも花を咲かせる土になれ」です。

それぞれワクワクするポイントが違うので、自分はどのスタイルがときめくか自分の「種」の情報を知り、自分に合うタイプにそって努力するのが、一番自分らしく幸せになれると思います。そういう意味では、僕ら、セカフザ3人組はみんなタイプが違うので、読者さんが、自分はどのタイプなのかを見つけやすいんだと思います。

自分を知るってとても大事なんです。商人タイプか、職人タイプか、はたまた、ハイブリッド、その両方の感性がわかるプロデューサータイプか。ロールモデルは自分

の「種」に合った人を見つけてくださいね。
また、どのように人生と向き合っていくかも、大きく分けてこの2つに分かれます。

・「目標型」（登山派）

・「展開型」（サーフィン派）

目標（頂上）を具体的に定めてそこに向かっていく登山スタイルが楽しくワクワクする「目標型」と、ラストシーン（ライフスタイル）という大きな行き先だけ定めて、そこへ行くためのこまかい道筋は臨機応変に、その時々の状況に合わせていく、きた波に乗っていく「展開型」。
この場合は、菅野さんは目標型。僕とぼーずクンはどちらかというと展開型でしょうね。僕の場合は、作家になるまでは目標型で、作家になってからは展開型に切り替わっています。これは、同じ人でも時期によっても違うので両方使い分けられたら、より人生を楽しめるようになるでしょうね。

何を目的にすると、力が出てくるかもタイプに分かれます。

「お金」か「ライフスタイル」か「テーマ」かと、主に3つあります。

とにかくサーフィンが真ん中にある生活、「ライフスタイルありき」じゃないとワクワクしない、ぼーずクンタイプ。「人はどうしたら自分らしく幸せに生きられるのか？」などといった、自分の興味のあるテーマをひたすら深めていきたい、ひすいタイプ。そして、お金を追求するときに、一気にテンションが上がる「金！金！金！」の菅野タイプ（笑）。これまた僕らは見事にタイプが分かれています。

「金！金！金！」の菅野タイプ（笑）も、実は、僕は素晴らしいと思っています。お金は汚いものというイメージを持っている方もいますが、お金とはいわば「お客さんからの拍手の量」です。拍手のないビジネスは、ただの趣味です。

そもそも、自分の心がほんとうに動くものに向かっていくことが何より大切なんです。菅野さんはお金が大好きで、「金！金！金！」と追求していった結果、すごく満たされたから、菅野さんは自分では言わないけど、海外の貧しい地域に、たくさん

寄付をして学校を建てたりしているんです。あんなにチャラいけど、意外にいい人なんですよ（笑）。だから、「金！　金！　金！」から入って全然いいと思っています。

とはいえ、最終的には、この３つ全部が大事です。この３つをしっかり視野に入れると人生はグンと豊かになります。最初は自分のスイッチが入るところからスタートすればいいのですが、最終的には３つバランスよく全部に照準を合わせてほしいところです。

何を目的にするとスイッチが入るか、**「自分の取扱説明書」**を知っておくことです。

自分の「種」を知るってとても大事なんです。

自分のフルパワーは、自分がほんとうに望むものに向かうときにしか出ないからです。

だから、「何があなたの真の幸せですか？」という問いに、３秒以内に答えが浮か

ばない場合は要注意です。

「誰のためなら、本気を出せるでしょうか？」

「何を大事に生きていきたいでしょうか？」

「究極の自分は、誰にとってどんな存在として生きたいですか？」

「何が自分の真の幸せでしょうか？」

一度、これらの４つの問いを真剣に見つめ直してマイ・スタイルを築いていってください。ちなみに、この４つの問いをすべて網羅して、文章にすると、僕の場合はこんな感じになります。

【ひすいこたろうの「ミッション・ステートメント」】

「自分を好きになれない」「新しい自分の可能性と出会いたい」。そんな人たちの心をラクにし、本来の自分の素晴らしさに目覚める、ものの見方を伝える、そして、人生を心から愉しめる人を増やす。

『小説家』ならぬ、宇宙の真理を常識にする『大説家』として、

この星に LOVE & WOW を届ける。

LOVEとは、ありのままに自分を愉しめ、かつ、人に優しくできる、ものの見方。
WOWとは、おもわず「ワオ！」と言いたくなる、未来のスタンダードとなる世界観。

そのために！

まず、自分の本音に素直に寄り添い、自分をゆるし喜び愉しむこと。そんな満たされた生活のなかから、みんなのインスピレーションの源泉になるような作品を生み出す。

このミッションを果たすことで自分と世界はどうなるのか？

朝起きるのがワクワクし、目の前の人がいとおしくなり、感謝の思いがあふれ出る。その結果、自分にも他人にも優しい人が増える。寝る前に静かな至福感に包まれて眠れる。

そんな人が1人でも増えるように、僕は僕のいのちを使い切りたいと思っています。

まあ、カッコよく言うとね（笑）。

４次元ポケットから、みんなの心を解放する、ものの見方を自由自在に取り出す、この星のドラえもんになりたいのです。

Commented by 菅野

職人と商人肌を併せ持っているぼーずクン。でも最近は、ずいぶん商人よりだよね。だって、「花よりも花を咲かせる土であれ」と言いながらも、花役の先生たちよりも、「俺が、俺が！」ってグイグイ前に出てくるし。いやぁ〜、天狗って怖いですねー（笑）。

Commented by 柳田

いや〜、菅野さんの「金！金！金！」という価値観は素晴らしいですが、最近の飲み会ではお会計のときになると、トイレに消えるか、財布忘れたフリをするのはやめてほしいですね〜。そこもちゃんと斎藤一人さんを見習ってください！（笑）

WORK 03

1 「誰のためなら、本気を出せるでしょうか？」

2 「何を大事に生きていきたいでしょうか？」

3 「究極の自分は、
誰にとってどんな存在として生きたいですか？」

4 「何が自分の真の幸せでしょうか？」

ROAD 10

10年後の自分を想像できる？

さあ、もっともっと自分の取扱説明書を見いだしていきましょう。

憧れのロールモデル、その人のたどった道、そして何があなたの真の幸せなのかを見てきたので、そのうえで、次はあなたの夢を具体的に想像してほしいのです。

あなたの理想の10年後のイメージを描いてほしいのです。

どこに、誰と、どういった環境で、どんな仕事をし、経済的にはどんな状況にあるか、そして、そのときのあなたの1日（1カ月、1年）をどのように過ごしているかを書き出してほしいと思います。

理想のロールモデルからの未来のイメージを、実際（未来）の自分の生活に落とし込むという作業です。

もちろん、制限はいっさいありません。

１３１ページのワーク４の１つ目の質問は、「どこに住んでいるか？　どんな家に住んでいるか？」

この質問は、あまり深く考える必要はありません。僕ならオーストラリアに住んでいるでもいいですし、南の島でも、サーフィンができる環境ならどこでもいいわけです。ここは具体的であっても抽象的であってもどちらでもいい。

２つ目の質問は、「誰と住んでいるか？」

あなたがすでに結婚しているならパートナーでしょうし、彼氏彼女、家族、親友という人もいるかもしれません。

３つ目の質問は、そこに住んで、「何をしているか？」。そして、仕事・ビジネス・事業などを通じて「社会にどんな価値を提供しているのか？」ということです。

４つ目は、「あなたの経済面はどうなっているか？」

５つ目は、自分のことだけではなくて、「地域、社会のためにどういう貢献活動を行っているか？」です。

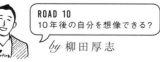

こうしてあなたの実際の生活が描けたら、その生活の様子も思い描いていきます。
まずは理想の1日を描いてみましょう。
たとえば、僕ならこうです。

朝5時に目覚めて、窓から見える海を眺める。

うっすらと朝もやのかかった海から覗く波をチェック。波頭が白く顔を出した絶好のサーフィン日和だ。僕はさっそく支度をして、サーフボードを抱えて家から数メートル先の砂浜へと繰り出す。入念にストレッチをして入水。

波待ちをしていると、近くをイルカが飛び跳ねる。今日も最高だ。まだ誰もやって来ない海で、1時間くらいサーフィンを堪能していると、今日のコンディションをチェックしに、常連のローカルサーファー仲間や、ビジターサーファーたちがやって来る。少し渋滞してきたので、彼らに挨拶して引き上げる。家に帰ると愛する妻が朝食を用意して待っていてくれた。僕たちは今日の波の状況など他愛のない会話をしながら、本日の予定を確認する。昼までにいつもの仕事をこなし、オーナーとして出資している会社の数字をチェック。お昼は仕事仲間とランチ、午後は読書したり、新規事業の構想を練ったり、その日の状況に応じて過ごして、夕方、また波がよければサーフィンをする。天気のいい日は、海の見えるウッドデッキで妻と一緒にワインを飲みながら夕食を楽しんでもいい。そんな1日を過ごす。

自分でも書きながら、「なんて素晴らしい1日なんだ」

と、浸ってしまいました（笑）。

あなたも具体的に、どんな場所で、誰と、どう仕事して1日を過ごすかを具体的に描いてみてください。思わず浸ってしまうほどのものを描いてくださいね（笑）。

もちろん制限なしの自由。何でもできますから思いのままに想像してみましょう。

このワークの時間は、あなたの人生を根底から変えてくれる魔法の時間になるはず

です。
ポイントは、お気に入りのカフェや、自然のなかなど居心地のいい場所で、場のいい空間の力をかりながら、ニヤニヤしながら描いてみてください。想像しているうちにスイッチが入ります。

大丈夫。きっとあなたなら、そのライフスタイルを実現できますよ！

僕らにもできたんですから、あなたにできない理由はない。もしできないとしたら、「自分にはできない」「自分にはムリ」と自分で決めているから。そんな自分の制限、この場で捨ててしまえばいい。捨てられないなら仲間と「セカフザ」すればいい(^_^)

時間があれば、「理想の1日」をちょっと広げて

「理想の1カ月」

を想像すると、よりあなたのライフスタイルが確立していきます。1カ月あると、仕事やプライベート、旅行や出張などを含めて理想が広がります。

また、もっと広げるなら「理想の1年」も描いてみましょう。

たとえば僕なら、いま描いているのは、日本に3ヵ月、オーストラリアのバイロンベイに3ヵ月、ハワイとバリにも2ヵ月くらいいて、残りは自由。

もちろん家族と一緒。そんなライフスタイルを送るには、どういった仕事のやり方があるのかを夢想しているところです。いえいえ、絶対に実現すべく、思い描いていますよ。

Commented by 菅野

ぼーずの夢って年々エスカレートしていってるよね。こないだもホテル王になるとか言ってたしね。この調子でいくと、数年後には、「プライベートジェット買って、世界中のサーフィンメッカに別荘買って、世界を股にかけてサーフィン三昧」とか言い出しそうで怖いです。そこもちゃんと一人さん見習って、少しは足るを知りなさい！（笑）

6 あなたの理想の1日を描いてみよう。

7 あなたの理想の1ヵ月、理想の1年を描いてみよう。

WORK 04 | 10年後（5年後）、あなたは……

1 どこに住んでいますか？　どんな家に住んでいますか？

2 誰と住んでいますか？

3 何をしていますか？　何を持って
社会に価値を提供していますか？（仕事・ビジネス）

4 経済的にはどうなっていますか？

5 地域や社会のために何をやっていますか？

ROAD 10
10年後の自分を想像できる？

by 柳田厚志

ROAD 11

夢を叶える「逆算の法則」

MOVE IT!
HOW TO CATCH OUR DREAMS MOST JOKINGLY IN THE WORLD

ここまでの流れをまとめましょう。

まず、どうなりたいのかをノートに描きます。

このとき、ロールモデル、師匠を見つけておけば、未来のイメージを描きやすくなります。

次に、先にセカフザ仲間とそれが叶ったこととして、前祝いをし、その気になって自分のエネルギーを変えちゃいます。

その次は、逆算して行動をリスト化することです。その夢に対して、いまから何をしていけばいいのかっていうことを、具体的に挙げていくのです。

あとは、**行動、改善、行動、改善**です。

このすべての過程を、仲間と月に1回フィードバックしながら実践していくというのが、僕らのセカフザ的夢の叶え方です。

　例を挙げましょう。

　僕はシンガポールに約５年前から住み始めましたが、約８年前からシンガポールに住むという夢を叶えるために逆算していきました。

　ラストシーンであるゴールは、シンガポールに移住すること。

　では、そのためには何が必要かを考えるのです。きちんとした移住までの道筋を立てて、１つひとつの問題を明確にしてクリアしていかなければゴールまでたどり着かないからです。

　まず、自分がシンガポールに行くためには、日本で社長を続けていてはムリです。第１段階として、自分の会社の社長を抜けなければならないということがわかります。つまり、自分が会社を抜けてもうまく回る会社の仕組みをつくらないと抜けられないわけです。

　そこでやったことは、これまで毎日行っていた会社を週１回にし、段階的に月に１回にして、最終的に行かないようにして、最後は社長を２代目に継承していきました。

　ただ、そうした過程で、４社あった会社の１社を幹部とケンカしてつぶしてしまいましたが、「失敗」と書いて「せいちょう」と読む。「失敗＝成長」ですので、これもゴールに行き着くための過程だとプラスにとらえています。

第2段階として、今度はシンガポールに住むためにビザを取らなければなりません。調べてみると、僕は高卒なのでシンガポールで法人を設立して、給料を多めに申請しないとビザが取れないということがわかりました。給料はだいたい1000万円くらいで申請すると、ほぼ通りやすいということで、会社をつくって資本金も入れました。もちろん、会社設立も逆算して問題点を明確にして、やることをすべてクリアにしていきました。

ただ1つ、大きな問題がありました。

妻と子ども、家族の問題が残っていたわけです。子どもには「絶対シンガポールなんかイヤだ」と言われるに決まっています。実際そうでした。よく家族のせいにして自分の夢を断念する人っています。でも、僕に言わせれば、単なるできない言い訳だと思っています。

そこで子どもにはこう伝えました。

「いやいや、お前さ。今回は俺の人生だろう。おまえは自分で稼いでからモノを言いな。その代わり、お前が稼いだら好きなことをやっていいから」

説得というか文句を言わせない感じで大人気なく一蹴しました（笑）。

しかし、問題は妻です。ケンカになったらほぼ勝ち目はないので対策を練りました（笑）。子どもと同じように攻めてもダメなので、「よしっ、子どもの教育から攻めよう」と思い、こんな切り出し方をしました。

「いまコンビニとか見てもスタッフは外国の人が多いじゃん。俺らのときには、中卒でもトラックの運ちゃんとか土方とかできたけど、これからは新聞配達の仕事もなく

なるよ」

多くの仕事が外国人に持っていかれている、いまの時代を説明したのです。

ということで、妻には「いままで力仕事だったら生きていけるというのが、その仕事すらなくなっている。まあ、コンビニバイトで働けばいいやと思っていても、外国人が雇われて、日本人の入れる場所はないよ。だから、日本語だけだともうつらいから、子どもたちが大人になる時代は、絶対英語と中国語は必要だよ。だからシンガポールで3年、5年住めば、息子も覚えられるから、将来安泰だよね」と、子どもネタで一気に口説き落としました。

最終的には、妻も「そう言えばそうね」とその気になってきたので、間髪容《い》れずにすぐにシンガポールに渡ったわけです。

このように、夢が具体化してきたら、ただ「○○したい」だけではダメなんです。逆算して何をつぶしていかないかをあげて、それを1つひとつ、きちんとクリアしていかなければ、いつまでたっても夢は夢のままで終わってしまいます。

それではさっそく、これから夢の逆算ワークをやってみてください。

まず、ノートに自分のこうなりたいというゴールを描きます。その下にそれを達成するためにクリアしなければならないことを明確にして書き出していくのです。最初は小さな夢をゴールに書いてワークをしてみると答えは出やすいはずです。

【菅野の逆算シンガポール移住計画例】

・3年後、シンガポール移住
←
・コンドミニアムを借りる
←
・子どもの学校について調査
←
・ビザの取得
←
・事業の継承
←
・家族の説得

ざっと書き出すとこんな感じですね。
この問題をクリアするために1つひとつつぶして行動していくわけです。
家を建てるのには、必ず設計図が必要となりますよね。夢も同じなんです。
ゴールから逆算して夢の設計図を描こう。

Commented by 柳田

いや〜すごいです。「いやいや、お前さ。今回は俺の人生だろう。おまえは自分で稼いでからモノを言いな。その代わり、お前が稼いだら好きなことをやっていいから」って、ものすごいカッコいい感じで書いていますが、よく読むと完全に自己中ですよね〜（笑）。さすが菅野一勢。僕もそんなに図太く生きたいです。

Commented by ひすい

そう、そう。菅野ジャイアン伝説だけでも本1冊書けるよね〜（笑）。僕が一番驚いたのは、セカフザ合宿の懇親会カラオケタイムのとき。参加者さんが歌っている途中で「ハックション」とくしゃみをするふりをして、その勢いで歌を消して、自分の歌を3曲連続で入れてたもんね。あの図太さ見習いたいよね（笑）。

WORK 05

逆算して書き出そう

あなたのゴール

……

ROAD FOR REST

02

菅野伝説。「今日が一番若い日」

僕は、数々の一流の人たちの講演を10年以上見てきていますが、おそらく、これがナンバーワンです。投資のセミナー、観客７００人の前に、我らがセカフザ・菅野一勢が登場したときの講演こそキングオブトーク。

「伝説とはこういうものだ！」

菅野さんの講演は、それほど衝撃的でした。その伝説ぶりをぜひお伝えしたい。

７００人の聴衆を前に、まず、菅野さんは、ケンタッキーフライドチキンのカーネルおじさんの、こんな話から切り込みました。

フライドチキンのつくり方に自信があったカーネルはある日、このレシピをレストランに売ることを思いつきます。カーネルのつくるチキンは、「口のなかでとろけるようだ」と評判だったからです。そこで、ポンコツの中古の車にのり、アメリカ中を駆け回りました。レストランを1軒1軒回り、チキンのレシピを売りに歩く日々が始まったのです。

「うちはいい！　とっと帰ってくれ」

断られたら次へ行く。しかし、まったく売れない日が続きます。なけなしのお金でガソリンを買い、夜、寝るのは車の後部座席。朝、目を覚ますと、見本用のチキンをかじり、またお店を営業に回るのです。しかし、カーネルのチキンを買ってくれる店は現れず。なんと最初の注文をとるまでに、１００９軒ものお店に断られているんです。

ここまで一気に話すと、菅野さんはニヤッと笑ってこう言ったのです。

「みなさん、カーネルがこのチキンを売り始めたのは、何歳のときだったかわかりま

すか？」

菅野さんはしばし間をおいて答えを言いました。

「なんと65歳なんです！」

菅野一勢、決めてやったと言わんばかりのドヤ顔です。

勢いに乗る菅野さんはたたみかけます。
大きなスクリーンにドーンと、この言葉を映しました。

「人生は、やるか、するか！」

さらに、菅野さんは、キメのひと言をズドンと決めました。

「今日がみなさんのこれからの人生で一番若いんです！」

お見事。決まりました。ISSEI SUGANO完全必勝パターンの講演です。いつもなら、ここで拍手喝采《かっさい》になる場面なんですが……しかし、おかしい……。会場は静まり返っています。異変を感じた菅野さんは、話の流れを変えて、お得意の「ツイてるマインド」の話に切り替えました。どんなときにも「ツイてる！」と言うことで、自分の性格をポジティブに変えていこうと。

菅野さんはもともとはとてもネガティブで、失敗したらどうしようとすぐに考えてしまうタイプだったそうです。ところが、「ツイてる！」というのを口グセにしてから、3ヵ月ほどで、どんなときにもツイてるほうを見られるようになり、そこから人生が大きく飛躍し始めた実体験から、「ツイてる」という口グセをすすめています。

そしてこんな例を挙げました。

「ちょっと前に、僕は投資で1億7000万円損したんです。さすがに落ち込みましたけど、でも考えてみたら、損したのがいままでよかったな、『ツイてる！』って思えたんです。だって、これが定年したあたりなら、もう自殺しちゃうかもしれないから、ほんとうにツイてたなーって思えたんです。『ツイてる』を口グセにすると、どんなときにもツイてる面を見いだせるようになるので、失敗が怖くなくなります。失敗が

怖くなったら、もう成功するしかないんです！『ツイてる！』『ツイてる！』

今度こそ決まりました。

菅野一勢、再びドヤ顔です。

しかし、おかしい……。

会場は静まり返ったままなんです。一層、シーンとし、ただならぬ空気に包まれ、会場は凍りついています。

なんと、です！

この投資セミナーのお客さんは60代、70代の方が中心で、寝坊して遅れてきた菅野さんは、そのことに気づかないままステージに立ち、スポットライトでまぶしい菅野さんは聴衆の顔も見えず、いつもの講演内容のまま最後まで、突っ走ってしまったのです（笑）。

では、菅野さんの講演がお客さんにはどのように受け取られていたか、お客さんの心の声を再現しながら追ってみましょう。

「みなさん、カーネルがこのチキンを売り始めたのは、何歳のときだったかわかりますか？　なんと65歳なんです！」

（お客さんの心の声）**いやいやいや、うちらもうカーネル越えの70歳だから！**

「人生は、やるか、するかです！」

（お客さんの心の声）**70歳のわしらに、そう言われてもね……。**

「ちょっと前に、僕は、投資で1億7000万損したんです。さすがに落ち込みまし

たけど、でも考えてみたら、損したのがいまでよかったな、『ツイてる！』って思えたんです。だって、これが定年したあたりなら、もう自殺しちゃうかもしれないから、ほんとうにツイてたなーって思えたんです」

（お客さんの心の声）

おい、おい！　わしらもう定年しとるがな！　なめとんのか、あのにいちゃん！

相手に合わせて法をとかない男、菅野一勢、健在なり！（笑）

「みなさん、今日がみなさんのこれからの人生で一番若いんです！！！」

（お客さんの心の声）

70歳のわしらに、今日が一番若いって言われてもなぁ。ほんと、なめとん

のか、あのにいちゃん！

菅野さん、俺さ、菅野さんの、そういうテキトーなところ大好きです（笑）。

Commented by 柳田

僕もあらゆる講演会を主催してきましたが、あんな興ざめの講演会は見たことないですね。僕だったらあの時点で講師引退してますねー（笑）。

Commented by 菅野

お前ら、ほんま、なめとんのか‼

第03幕

ノーアタック　ノーチャンス。

アクションだけが人生だ！

ROAD 12

この星は行動しないと何も起こらない

よく「思考は現実化する」などと言われますが、ただ単に考えているだけでは、思考は絶対に現実化しません。この地球という星は行動しないと何も起きない星だからです。つまり、もしあなたが何か夢を叶えたければ、アクション（＝行動）に移さなければ何も起こらないということです。

ラーメン、ラーメンといくら思考してもラーメンは現れません。でも、外に出てラーメン屋に向かえばラーメンは、目の前に出現します。当たり前のことです。やっぱり、最後は、行動に移さないと何も起きないんです。

ゴールをイメージし、ゴールを前祝いし、ゴールから逆算したら、あとはアクション、

アクション、ハックション！（笑）人生は行動です！

夢を叶える行動をしていくために、まず、大前提、夢がイメージできなければいけません。道のりをイメージできる状態にしないかぎり、夢は叶わないんです。たとえば、小学校のときの卒業アルバムの夢を誰もが一度は書いたことでしょう。僕も久々にそれを見返してみたら、「社長になりたい」と書いてありました。

社長になりたいという夢はイメージができます。まぁ、会社をつくれば誰でも社長になれるので、いまとなっては社長になりたいというのは、夢としてどうかと思うんですけど（笑）。ただおそらく、当時、父親が社長だったから父親のように社長になりたいと書いたと思うんですね。

先日、幼稚園に通っている6歳の息子が、七夕で短冊を書いて家に持ってきました。そうしたら短冊には、「お金持ちになりたい」と書いてあったんです。

僕は小学校6年生のときに「社長になりたい」、息子は6歳で「お金持ちになりたい」。これは僕より上だなと思いました。

なぜならば、僕よりも夢が「明確」だからです。

明確さこそ力となります。

おそらく社長になりたいという夢は、社長になって将来お金持ちになりたいという夢が先にあるわけです。ですから、僕のほんとうの夢もお金持ちになりたいということだったのです。社長になっても貧乏な人はいますから。つまり、息子のほうがより夢に近いと感心したのです。

ちなみに息子は前の年には何を書いたのだろうと思って短冊を妻に持ってきてもらったら、

「キリンになりたい」

「キ、キ、キ、キリン？？？……」

キリンからお金持ちへ、この１年で息子はすごい成長したんだな、父親の顔を見てみたいと感心しました（笑）。

おそらく息子は、パパみたいにお金持ちになれば好きなものが買えるからうらやましい、そう思ったんでしょうが、「キリンになりたい」というほうは、どうやったらキリンになれるのかまったくイメージが湧きません。

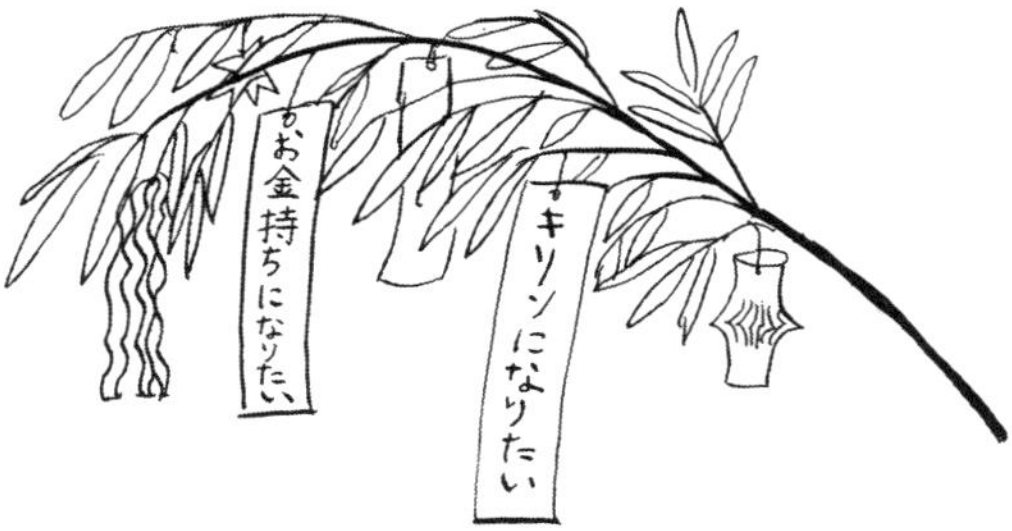

これは夢として現実味がないんです。たとえば時給８００円でバイトしている人が、来年までに年収１億円稼ぎたいと言っていることと近いわけです。

なぜなら、その人も１年間で年収１億円になる道筋や過程が見えていないからです。だって、アルバイトしかしていない人に１億円の具体的な稼ぎ方ってイメージできないと思うのです。

まずは年収３００万円、それを達成して次は年収１０００万円、次は３０００万円、次こそ年収１億円というふうに、順を追ってイメージしていく必要があるのです。

と言いながらも、僕はいきなり「1億円プレイヤーになる！」という無謀《むぼう》な目標を立てたわけですが、僕の場合は、先ほど伝えたように、「ロールモデルの履歴」がはっきり見えていたんです。

当時、会員になり、稼ぎ方を教わっていた僕の師匠は、インターネットで実際に1億円稼いでいました。その師匠に教えを受けていたから、具体的に何をどうすれば稼げるかというイメージが見えていたのです。僕には、当時、実績も経験もなかったけど、イメージはできたのです。

イメージできるようになるうえでも、ロールモデル、自分の夢を一足先に叶えた人と知り合いになることは大事なのです。知り合いになれないなら、セミナーで話を聞きにいくでもいいです。

ゴールまでの道筋を鮮明にイメージできることが大事。イメージできないなら、実現

性がある夢を小さく持つことです。

夢を小さく持ったあとに1つひとつ着実にそれを叶えていく。いわば「勝ちグセをつける」というのが重要です。

それにはまず、あなたの夢が「キリンになりたい」というようなイメージできない夢になっていないかどうか見直すことです。

極端な例かもしれませんが、それこそ40歳になっているのに、これからプロ野球選手になりたいという夢は実現性ゼロ。キリンになりたいというのと同じ話です。結局、現実とあまりにもかけ離れた夢は、当然道筋が見えないし、イメージができないから叶えられないんです。

これはビジネスについても同じです。僕は何かビジネスを始めるとき、必ずマーケティング視点から見ます。たとえば、どんな人たちがターゲットで、ターゲットに届く媒体は何があって、ネット広告の検索キーワードで月間検索数がどれくらいあって、広告費はどれくらいで、ワンクリックの料金から広告費をどれくらいかければアクセス数は集まるか……よし、これはいけるなと、道筋をすべて逆算してイメージします。

お客様が購入するまでの経緯をすべて道筋で見れるからこそゴーできるのです。

しかし多くの人は、「これをやりたいから」「これをやったら面白そうだから」と、とりあえず走ってしまう。商品をつくったあとにどうやって集客しようと考えても、そもそもターゲットが決まってない。だからつくったあとに「売れない、どうしよう、困った」となるのです。

夢もまさにこれと同じ。ですから「逆算していくクセ」をつけなければ、ビジネスにしろ夢にしろ何をやってもうまくいかないのです。

まずは夢を叶えるまでの道筋をイメージすることが大切です。

Commented by ひすい

菅野さんの息子さんの昔の夢は「キリンになりたい」かー。かわいいねー。うちの中学生の息子にも夢を聞いてみたら、「とうちゃん、俺の夢は一生実家暮らし！」と胸を張って答えていました。いや～ん（笑）。

ROAD 13

得意＋ワクワク＝「最強」方程式

MOVE IT!
HOW TO CATCH OUR DREAMS MOST JOKINGLY IN THE WORLD

一度、あなたの描いた夢を疑ってみるのも大事です。あなたが叶えたい夢に、不得意なものや好きではないものが入っていたら、その夢はつらいものになる可能性があるからです。誰にも「得意・不得意」「向き・不向き」というものが絶対にあって、それを無理に押しとおそうとがんばってもなかなか結果が出ないからです。

僕は18歳で高校を卒業してから、手に職もないので、ガテン系くらいしかやれることがありませんでした。まず働いたのが外壁のコンクリートパネルを組み立てる職人です。それこそ80キロくらいの重い板を２人で持って、クレーンで上げて組み立てていく……。しかし僕は、ものすごく不器用だったので、ネジをドリルではめ込む作業のときネジをすぐ落としてしまうのです。それこそ数十階建てのビルの上から落としてしまうので、小さなネジやナットでも、ものすごく危ない。

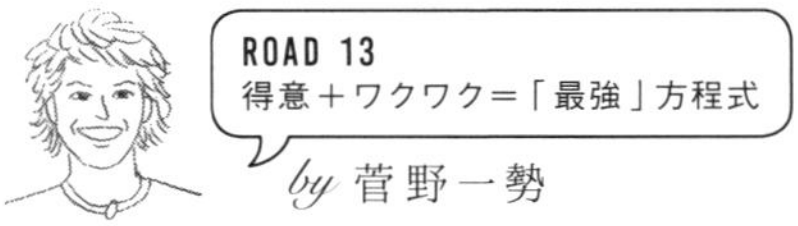
ROAD 13
得意＋ワクワク＝「最強」方程式
by 菅野一勢

「おーい！　菅野バカヤロウ！」

そう、いつも怒られていました。もう不甲斐《ふがい》なくて、職人をやっているときは毎日、「あぁ、俺ってほんとうにダメだ」と自信を失っていく毎日でした。

後輩が入ってきても、すぐ抜かれてしまいます。彼らにとって簡単な仕事すら、不器用な私にはできないからです。**毎日が地獄でした。**

先輩や後輩から「あいつ、なんでできないんだよ」とバカにされてばかりで、仕事がイヤで仕方がなく、ほんとうにつらかった思い出です。

結局、僕はこの仕事には向かなかったのです。世の中には手先が器用な人はたくさんいます。しかし、不器用な自分がいくらがんばったところで、そうした人には勝てるわけがなかったのです。

それに気づいた僕は職人を辞めて、営業職という仕事に就いてみました。

東京電話という電話会社の回線獲得の営業でしたが、これは僕に向いていました。

初日から3回線の契約を取ることができ、会社に戻ったら、部長に拍手で「おめでとう！　初日から契約とってくるやつはなかなかいないぞ」と迎えられました。

職人の頃と違って、営業はあきらかに得意分野だったのです。もともと口は達者だったので、営業トークがスムーズにでてきました。入社1ヵ月もたたずして、またたく間に40名の営業マンを抜き去り、トップ営業マンになりました。

毎日200件の訪問営業をこなせば、毎日20件くらいの契約も取れて月60万円ほど稼ぐようになり、最終的にはこれは稼げると踏んで、東京電話代理店として独立して、完全歩合制で数名雇って、毎月100万円以上稼ぐことができました。いきなり年収1000万円突破です！

まさに不器用で向いていない職人の頃とは雲泥《うんでい》の差です。得意なものを仕事にすると、こうも違うのかと実感しました。

ROAD 13
得意＋ワクワク＝「最強」方程式
by 菅野一勢

しかし、1つ問題がありました。営業は得意ではあったのですが、好きではなかったのです。精神的にだいぶつらかったのです。

あるときなど、チャイムが鳴らないのでドアを叩《たた》いて、「すみません」と開けたことがありました。すると、玄関から変なおやじがパンツ一丁で出てきて、

「てめえ、何勝手に開けてんだ！」

と怒鳴られたことがありました。

「だったらピンポン直してよ……」などと思いながらもヘコみました。

基本的にメンタルが弱いほうだったので、気がついたら、**「ピンポン恐怖症」**になってしまいました。断られるのが怖くてピンポンが押せないのです。これは営業職としては致命傷です。

営業は得意ではあったので、経済的には豊かになりました。ただ、飛び込み営業の

精神的苦痛が大きく、起業して社長になったにもかかわらず、飛び込み営業でピンポン押すのがイヤすぎて、まるで学校行きたくないという登校拒否の学生のような感じでした。

当時は、営業に出るのがイヤすぎて、社長自ら、スタッフを一緒に引き連れて、1日中パチンコ店でサボっていたこともあるくらいです。自ら先頭に立って、従業員をパチンコに引き連れてサボる社長なんて見たことないでしょう。起業1年目にして、いきなり社長失格ですよね（笑）。

職人のときは不得意なジャンルの職に就いて悩まされましたが、今度は、得意でも精神的にきつい仕事で悩むようになりました。職人時代と比べると経済的には豊かです。でも、正直、嫌いな仕事でした。これを一生続けていくのはさすがにしんどい。

だったら、楽しそうな仕事をしよう！　ということで、前著『セカフザ』にも書いた、探偵をすることになるのですが、これもきつくて嫌気が差して挫折。とは言っても、当時、29歳で子どもも生まれたばかりで、食うために働かなければなりません。

結局、精神的につらいけども得意で稼げる営業職に我慢して戻るしかないのか……。

今後の人生をどうしようかと迷っているときに斎藤一人さんの本に出会いました。

ROAD 13
得意＋ワクワク＝「最強」方程式
by 菅野一勢

その本には、「人生の選択で悩んだら、楽しいほうに行きな。それが結果的に一番良くなるから」ということが書いてありました。

実は、当時、探偵に挫折して、また元の営業職に戻ろうか、ネットビジネスを始めようか悩んでいました。

でも、ネットビジネスはまったく未知の世界。稼げる保証もないし、営業を続けていたほうが経済的には安定する。子どもも生まれたばかりでしたので、生活のためには続けていかなければならない。しかし、このままつらい営業をずっとやり続ける自信がなかったのです。

かなり悩んだ末、斎藤一人さんが言っているのなら間違いない。得意だけども嫌いだった営業を捨てて、楽しくワクワク心躍るネットビジネスの世界に飛び込むことにしたのです。

最終的に「えいやぁ！」と営業職という選択を捨ててネットビジネスに飛び込みました。

最初はメールすらできませんから、メール対応は妻に頼んでいたくらい、何もわからず大変でしたが、半年くらいしてから少しずつ稼げるようになったのです。

そうしたら、楽しくなってきたんです。このあたりは前著の『セカフザ』で書いたので省きますが、自分でつくった情報商材が売れることが、もう、楽しくて仕方なくて、気がついたら朝の4時になっていて、「あぁ、もうこんな時間か」という感じで、いつしかネットビジネスが得意分野に変わっていったのです。

セカフザの定例会で刺激し合い、ワクワク楽しいと続けていったら、いつの間にか1億円を稼いでいたというのが、正直な実感です。

つまり、僕が伝えたいのは、**「得意＋好き」**が合致すると、ものすごいパワーが生まれるってことなんです。

仕事が楽しいとなったら勝ちです。まさに天職です。

あなたの夢が本当にそうやって叶えられるかは、「得意」と「好き」が合致してい

るか否かで決まると思います。２つ合致したらハッピーな人生になります。

お金だけ稼いでも不幸な人は世の中にいっぱいいます。だからこそ、得意と好きが合致できるかどうかです。

たった一度の人生です。そして、仕事は人生で一番時間が取られるものです。ここは妥協せずに自分にピッタリの天職を探したいもんですね！

よく「天職が見つからない」という人がいますが、それは、**圧倒的に経験した職種が少ないだけ**です。

僕みたいに何十種類も経験していけば、これは自分にバッチリ向いてるなって仕事に必ずたどり着きますんで！

この項の最後に、アントニオ猪木さんの座右の銘を紹介しましょう。

「この道を行けばどうなるものか　危ぶむなかれ　危ぶめば道はなし　踏み出せばその一足が道となり　その一足が道となる　迷わず行けよ　行けばわかるさ」

ROAD 14

「惚れる」は革命の始まり

MOVE IT!
HOW TO CATCH OUR DREAMS MOST JOKINGLY
IN THE WORLD

ノーアタック。ノーチャンス。では、どうしたら行動《アタック》できる人になれるのか？

それは惚れることです。


とても繊細な感性を持つ、ある方から教えていただいたちょっと不思議な話です。

その方によると、たとえばコップに意識を送ると、反応を返してくれるコップと、返してくれないコップがあるのだというのです。それも驚きですが、もっと驚いたのは、意識を返してくれるコップと反応のないコップ、その違いなんです。

何だと思いますか？

一度でも誰かに大切にされたことがある

ROAD 14
「惚れる」は革命の始まり
by ひすいこたろう

コップは、意識を返してくれるというのです。

僕にとって、この話は衝撃でした。だって、大切にするということは、モノに魂を吹き込むほどの力があるということだからです。

さて、このことを踏まえて、ここから少し、ひすいこたろう、僕の話にお付き合いください。

僕には、長い暗黒の時代がありました。大好きだった幼稚園の先生、ひょっとしたら僕の初恋の先生だったかもしれないその先生が、ある事件に巻き込まれて殺されてしまったのです。僕が幼稚園のときです。

あまりにショックだったので、その記憶は数十年も封印されて忘れており、実は思い出したのはつい最近。2年前のことです。あまりに長い間、忘れていたこともあり、思い出したときに、現実かどうかすらわからず、うちのかあちゃんに確認したのですが、それは事実でした。

そのせいもあったのか、僕はとても内向的な性格になりました。そこに赤面症も加わって、女性ともひと言も話せないような根暗な青春時代を過ごしました。当然、彼女もできないし、合コンすらこれまで一度も参加したことはありません。

そして、意味なく明るい同世代の人たちとはどうしてもなじむことができず、友達も3人しかいないという時代が10年以上続きました。

そして、「人は死んだらどうなるんだろう?」というようなことを本屋さんの精神世界コーナーで黙々と読んでいるような暗い人で、菅野さんからも、出会った当時、

「ひすいさんは友達になりたくない人ランキング1位だった」と認定されたほどです（笑）。


本来、縁のなさそうな、ガキ大将のような菅野さんと、かろうじて友達になれたのは、斎藤一人さんの「ツイてる」という口グセをお互いに実践していたという奇跡の共通点のおかげです（笑）。

新潟で暮らしていたときはまだ親もいますからよかったのですが、大学から東京で独り暮らしを始めたときから、毎日孤独に押しつぶされそうな日々が始まりました。

4畳半の薄暗い部屋で僕の独り暮らしは始まりました。友達もすぐにはできず、毎

日独りなんです。もう、寂しくて、寂しくて、ある日、このままではダメだと思い旅に出たんです。山梨県の小さな湖に。その湖をぼぉーっと眺めていたら、涙が止めどなくあふれてきました。その日、「このままでは死にたくない。神様、助けてください」とノートに書き綴ったことを覚えています。

この孤独の絶頂ともいえるときに、初めてできた親友がいます。

名前は、**RYOMA SAKAMOTO**

幕末のヒーロー坂本龍馬です。坂本龍馬の伝記を読んで感動したんです。

かつて、こんなカッコいい人が日本にいたんだ！と。

龍馬の伝記を読むうちに、僕の頭のなかに、坂本龍馬がまるで親友のように住むようになったのです。そして、京都の霊山護国神社に行き、龍馬のお墓の前で、僕はこう祈りました。

「龍馬さん、どうか僕に乗り移ってください」他力本願、龍馬先生、憑依《ひょうい》プリーズです（笑）。

あまりにも生きにくい僕は、龍馬に助けてもらいたい一心だったんです。

しかし、もちろん、龍馬が乗り移ってくれることもなく、僕は冴えない学生時代を過ごすことになるわけですが、このとき、僕は１つ決意したんです。

龍馬の本拠地、土佐（高知）には絶対に行かない、と！

絶対に自分からは行かない。呼ばれていく男になる。そう決めたんです。

龍馬のような革命家になるために、まずは、人見知りを克服しよう。そのためには、ちゃんと会話ができるようになろうと。それで洒落《しゃれ》た会話ができるようになろうと、毎日映画を見ることにしたのです。それから映画を毎日３本ずつ見ました。

１日３本の映画を見るのは大変です。そこで、大学の授業に次第に出なくなり、

黙々と映画を見る日々が1ヵ月以上過ぎたある日、僕は気づきました。

「この生活は間違っているかもしれない」と(笑)。

そこで、映画を見る本数は1日1本に減らしました。

その代わり学校には行きましたが、学校帰りに、毎日本屋さんに行って、自分を変えてくれそうな本を探しては、立ち読みすることを日課にしていました。

(立ち読みかい!〈笑〉by菅野一勢)

いまは彼女すらできないダメな男だけど、いつの日か、龍馬のような革命家になりたい。誰も見たことのない新しい景色を見せられる人になりたい。その一心で、たくさんの本を読み、映画を見て、また、いろんなものを吸収していったら、菅野さんやぼーずクンのような刺激し合える仲間とも出会え、まったく新しい自分になれたのです。人は生まれ変わる。生きている間に何度だって。そう実感しています。

そして、この10年で40冊もの本を書かせていただきました。龍馬のような革命家にはまったくなれていませんが、僕は僕で、草食系の革命家(笑)、ものの見方の革命家を目指し日々邁進しています。

2年前、大好きだった幼稚園の先生が殺されたことを思い出したとき、その先生が笑ってくれた気がしたんです。

「ああ、僕を作家に導いてくれたのは、あの先生だ」

って。だって、このことがあったから僕はずっとずっと本質的なことを求めてきたからです。

そして先生の魂は、肉体は離れたけど、ずっと僕と一緒にいてくれたんだって思いました。

坂本龍馬の本拠地、高知には自分からは行かない。呼ばれていく男になる。

その決意から、十数年時間はかかりましたが、ついに、龍馬の本拠地、土佐(高知)からラブコールをいただき講演に行ってきました。会場は200名以上集まり、席が足りなくなり、ステージ上にも席が並べられるほどでした。
しかも、このご縁、作家冥利につきる、とてもうれしいかたちだったんです。

講演を主催してくれたのは、高知の印刷会社リーブルのあらもと社長です。でも、このあらもと社長、僕のことも、僕の出している本のこともまったく知らなかったんですね。ただ、僕が文章を書いたあるイベントの小冊子を、印刷会社だけに印刷中にふと読んだら、面白くて「このガイドブックを書いたのは誰だ？　ぜひこれを書いた人を高知に呼びたい」となったというのです。

菅野さん、すいません、自慢です！（笑）

しかも、その印刷会社のあらもと社長こそ、龍馬研究会の理事の方だったんです。まさか、そんなかたちで、龍馬研究会の方から高知に呼んでいただくことになるとは夢にも思いませんでした。あらもと社長が感心してくれたガイドブック。
その冒頭に、僕はどでかい文字でこう書いていました。

「今日は何があっても楽しむって決めよう。

決めたらそうなります！」

呼ばれて行く人になる。そう決めたら、そうなったんです。

そして僕の高知講演当日の２０１２年12月８日、龍馬の原点、桂浜《かつらはま》に虹がかかりました。龍馬が歓迎してくれたような気がしてうれしかったです。

僕もぼーずクンと一緒で最初から、具体的にこの仕事がしたいという夢を持っていたわけじゃないんです。ただ、「日本をいまいちど洗濯しそうろう」と、日本のために清々しく生き、新しい時代をもたらした坂本龍馬のような人生に１ミリでもいいから近づきたい、そこが僕の原点でした。

ここで冒頭の話に戻らせてください。

大切にするということは、モノに魂を吹き込むほどの力があるのです。

つまり、惚れるということは、その人の魂

が自分のハートに目覚めることなんです。

坂本龍馬に惚れるということは龍馬の魂が、自分の心のなかに誕生するということなんです。

Ryoma lives in my heart.

惚れたら、そのように生きたくなるんです。それが人間の特性です。

ぼーずクンが、22歳のときに出会ったオーストラリアでユースホテルを経営していたジェフの生き方に惚れたときから人生が変わったように。菅野さんが、経営者のお父さんの後ろ姿を見て、社長になることに憧れたように。僕は、坂本龍馬の生き方に惚れて、そこに少しでも近づけるように、毎日1ミリとも言える、見えない前進を繰り返してこれたのです。チリも積もればビッグマウンテンです！（笑）

人は惚れた分だけ、その魂が大きくなるんです。

行動《アクション》はその情熱から生まれます。

人はこうなりたいというイメージがなければ、そこに向かえません。こうなりたいというイメージこそ意志の力に勝る、潜在能力を引き出す扉なのです。

惚れることからイメージは立ち上がります。

革命は惚れることから始まるのです。

Commented by 菅野

先日の新潟セカフザ講演会。ひすいこたろう地元新潟に凱旋！ってことで、テレビCMまで流れ、いたるところに宣伝ポスターが貼ってあり、会場も２０００名収容の大ホール！さらに地元アイドルグループが前座でミニコンサートまでしてくれちゃって、「さすが地元！ひすい人気、半端じゃないね！」なんてぼーずとあ然としていたのですが、いざ蓋を開けてみたら、来場者80名で会場ガラガラだったよね。高知講演の自慢する前に、まずは新潟講演を満席にしてもらえませんかね……。

［参考文献］
『常識を疑うことから始めよう』（ひすいこたろう、石井しおり著、サンクチュアリ出版）

ROAD 15

夢は確率論。数撃ちゃ夢も当たる！

MOVE IT!
HOW TO CATCH OUR
DREAMS MOST JOKINGLY
IN THE WORLD

先日、僕らが主催の起業塾の卒業式がありました。

そこで感じたのは、僕ら講師陣と塾生との圧倒的な違いでした。それは何かというと、卒業式の会場で

「この3年間で、新規事業に何回チャレンジしましたか？」

という問いに対して、多い人で5回だったんです。

では、僕はこの3年でどれくらいの新規事業を立ち上げてきたかというと……。

・出張テニススクール（シンガポール）
・飲食店　焼き鳥屋・串カツ屋・ラーメン屋（シンガポール）

・情報ビジネス（日本）
・アフィリエイト（日本）
・広告出稿代行（日本）
・出張英語スクール（シンガポール）
・通訳派遣（シンガポール）
・博士号取得サポート（カンボジア）
・移住サポート（シンガポール）
・動画サービス（日本）
・出張マッサージ派遣（シンガポール）
・投資スクール（日本）
・物販ビジネス（シンガポール）（日本）
・プライベートジム（8店舗　6ヵ国……シンガポール2店舗／バンコク1店舗／香港2店舗／ハノイ1店舗／ニューヨーク1店舗／高崎1店舗）

等々、実に20以上の新規事業にチャレンジし続けています。ちなみに、この本を書いている今日も、先ほどのミーティングで新たな介護ビジネスの参入を決めたばかり

ROAD 15
夢は確率論。数撃ちゃ夢も当たる！
by 菅野一勢

です。

もちろん、これだけの新規事業を立ち上げると、失敗も山ほどあります。

でもこれだけの数をチャレンジすると、ホームランもたまに打てます。実際、ここ数年で年商1億円超えの会社は、何個も生まれていますし、年商10億円超えの会社も2つほど生まれました。

ビジネスは確率論。10回チャレンジすれば、最低でも1つは当たります。夢もこれと同じで、数撃ちゃ当たるのです。儲かる市場をリサーチしてそこに数撃てば間違いなく当たります。僕が約1000人の塾生のなかで一番結果を出せているのは、誰よりもチャレンジの回数が多いからにすぎません。

というわけで、できない言い訳はやめて、じゃんじゃんチャレンジしていきましょう！　新たなことを始めるのをあきらめたらそこで試合終了です。あらゆるチャンスにアタックしてくださいね！

ノーアタック、ノーチャンスです！

ここで薩摩《さつま》の教えを伝えます。江戸時代の頃の薩摩藩（現在の鹿児島県）には、こんな男の順序たるものがあったそうです。

一．何かに挑戦し、成功した者
二．何かに挑戦し、失敗した者
三．自ら挑戦しなかったが、挑戦した人の手助けをした者
四．何もしなかった者
五．何もせず批判だけしている者

見てのとおり、チャレンジさえすれば、上位2位に食い込めるのです。

いつの時代も最低なのは、自分は歩き出してもいないくせに、歩き出して転んだものを笑うものだね。こんな情けない人になるんじゃないよ！

ROAD 15
夢は確率論。数撃ちゃ夢も当たる！
by 菅野一勢

人生やるか、するか！ しないなんて選択肢はないんだぜ（笑）。

やって成功したら1位だし、失敗したって2位なんだぜ！

何もしないよりははるかにいいんだ！

というわけで、いまからやりましょう。これからの人生で、今日という日が一番若いんです。いまやらずにいつやるの？

地球は行動の星なんだよ。

動かなきゃ何も生まれないんだよ。だからいますぐ行動しよう！

Commented by ひすい

出た〜〜〜〜。菅野一勢お得意の、斎藤一人ならぬ、斎藤二人節!!!（笑）

ROAD FOR REST

03

セカフザ・ファミリー。セカフザを家族でやろう！

僕は、ひすいさん、菅野さんたち仲間と夢を語り合い、励まし合い、応援し合うことで、夢を最短最速で叶えてきました。

でも、その裏では、家族の協力やサポートも当然ありました。

そもそも僕が描いた夢は、日常のライフスタイルですから、そこには当然、家族がいるわけです。僕が結婚を決めたのも、１人で見る夢より、２人で見る夢のほうが素敵だと思えたからです（照）。でも、実際にそうなのです。『セカフザ』を読んで、仲間と地下室に集まっている報告はたくさん聞きます。でも、もっと夢の実現を加速させたかったら、もっとそのプロセスを楽しいものにしたいなら、**ぜひ家族と一緒にセカフザをやってください。**

ROAD FOR REST 03
セカフザ・ファミリー。セカフザを家族でやろう！

by 柳田厚志

奥さんや旦那さんやお子さんと一緒に、セカフザをやってほしいのです。

柳田家では、セカフザを始めた２００４年から夫婦でずっとやってきたことがあります。

それは、毎年、年末年始に人生を８分野に分けて夫婦で目標を立て、ノートに書くということです。

今年のテーマを真ん中に書き、その周りに、自分の人生で大切にしたい、８分野について、それぞれの目標を立てます。

８分野と言っていますが、自分に必要と思われるものなら何でもよくて、僕の場合ですと「健康」「仕事・ビジネス」「資産（お金などの経済的なこと）」「プライベート」「社会貢献」「チャレンジしたいこと」「自己啓発・大切にする価値観」「10年後に向けて今年やること」をそれぞれ書き出しています。

実は毎年、これを妻と行い、その年を振り返り、翌年の目標を立て、お互いに発表します。当然、お互いに「お前ならできる！」と書き合います。最近では、子どもたちにも毎年目標を聞いて書かせるようにしています。それを一度ノートに書いて、最後は筆ペンで清書して、額縁に入れて家に飾っています。

でも恥ずかしいので、来客があった際は、こっそり外しています（笑）。

ほかにも柳田家ではこんな実践をしています。

僕にはいま、9歳と4歳の男の子がいますが、僕は子どもに勉強しろとか、塾に行けとか、そういったことはいっさい言いません。

自分自身を振り返って、そこが大事というよりも、「自信を持たせること」「あんなふうになりたいと尊敬できる大人がいること」「可能性の芽を摘まないこと」。こういったことのほうが大事だと思っているからです。だから、

父ちゃんのカッコいい背中を見せること、楽しそうに毎日働いている姿を見せること、自由に何でもできるんだよということを背中で伝えたいと思っています。

そんななかで、唯一大事にしているのは、やっぱり「ことば」です。「ことばへの感度」と言ってもいい。成長とともに、子どもは言葉を覚えていきますが、最近はあまりにも言葉が乱れていると感じます。口に入れた食べもので、身体がつくられていくように、自分が発する言葉と心に入れる言葉で、精神が創られていくと思うのです。

だから、うちも言葉にはすごく敏感です。学校に行くと、いろんな子に揉まれることが良い反面、言葉遣いが荒れている子どもの影響も受けます。それでも、親の言葉遣いがもっとも大事だとは思いますので、うちで唯一やっている教育は、これです。

僕が次のように聞くと、子どもたちはこう答えるんです。

僕「言葉は？」

息子「だいじ！」

僕「夢は？」

息子「かなう！」

僕「比べるのは？」

息子「きのうのじぶん！」

これで柳田家の教育は完全にOKかなと思っています（笑）。この掛け合いを小さい頃から繰り返しやっていると、ほんとうに4歳の子でも、2歳くらいのころからきちんと、「言葉は？」「だいじ！」と答えます。

最初は意味はわからなくてもいいのです。でもおそらく子どももそのニュアンスは感じとって、いい周波数の単語だと思っているはずなのです。僕がプロデュースさせてもらっている「和の成功法則」の先生にも、

「言霊とは、言葉になる前のもの」と教わりました。

つまりは、どういう気持ちでその言葉を発するかが重要なのです。

子どもたちは、余計なゴミがない状態で、きれいな心で言葉を発しているので、彼らにとって、夢は叶って当たり前のものになるといいなと思っています。

そしてこれは、実は非常に使えます。たとえば、子どもの言葉遣いが荒れていたときに、「おいおい、言葉は？」と聞くと、我に返ったように「だいじー」と言って、自分を見つめ直します。

何かを「できない！」と投げ出したときも、「おいおい、夢は？」と聞くと、「かなうー！」と。そんなときは投げやりに「かなう！」と子どもたちは言いますが、それでも、やはり大事なことを思い出してくれます。

友達と比べて自分ができないことで落ち込んだときは、「おいおい、比べるのは？」「昨日の自分」となるのです。

まあ実際、子どもがどう感じているかはわかりませんが、ある日、息子が別の友達に、「そんな言葉遣いしてちゃダメだよ」と言っていたのを聞いたとき、子どもの成長を感じたものです。

そしてこれは、僕自身にとっても、とても大切なことを思い出させてくれます。

子どもには偉そうに言ってるけれど、そういう自分はできているのかと自分自身を見直し、改善する良いきっかけになっています。

セカフザだってそうです。自分自身への言葉をどうかけるか。自分の夢を書くというのは、そういうことです。「お前ならできる！」もそうです。僕らは言葉をとても大切にしてきたから、最速で夢を叶えられたのです。

言葉を大事にする。誰もができることを、誰にもできないくらい大切に扱う。

それだけが、差を生むのだと思います。神はまさに細部に宿るのです。

あっ、最後に言い忘れていました。最近はこの掛け合いも進化していて、もう１つ、子どものやり取りが増えているのです。

僕　「言葉は？」
息子「だいじ！」
僕　「夢は？」
息子「かなう！」
僕　「比べるのは？」
息子「きのうのじぶん！」

僕「パパは？」
息子「カッコいい！」

これで柳田家も安泰です（笑）。

みなさんのご家庭でもぜひやってみてくださいね。

Commented by ひすい

菅野家の教育はきっと、これが加わりますね。

「美人は？」

「二度見する！」（笑）

第04幕

新しい自分になれる最終兵器

世界一理にかなった夢の叶え方

ROAD 16

最終兵器《メソッド》「ツイてるマインド」

どんなことに対しても、常に「ツイてる！」と言っている僕ですが、とてもそんなふうに思えないときだって当然あります。以前、グループ会社の社長で、すごく仲のいい親友に２０００万円を横領されて裏切られたんです。
そのときも私は言いましたよ。

「ツイてる」って。
「これは何のチャンスかな？」と。

がんばって言いましたよ（笑）。

でも、ほんとに何のチャンスだと思いますか？

実はそのとき、シンガポールへ引っ越しする直前でした。だから、「あっ、よかった。これは神様からのプレゼントだな」と思えたのです。

要はシンガポールに行く前に会社の経理体制をダブルチェックして、以後、こういうような横領が起こらない仕組みづくりをきちんとしてから行きなさいよと神様から言われたと考えたからです。

だから「ああ、ツイてるな。２０００万円で済んで」ということなんです。でも多くの人は「あっ、裏切られた」と、ショックで何ヵ月も立ち上がれなくなってしまいます。

別の例を挙げると、ついこの前もインドネシアで観覧車ビジネスの話がありました。日本では観覧車はもう人気がなく、ビジネスとして下火ですが、東南アジアでは観覧車という存在が皆無で、出せば3年で回収。その後、チャリンチャリンとまるで自動販売機のようにお金が貯まっていくという状況で、おいしいビジネスなんです。

僕のところにきた、その観覧車の話は、そもそもインドネシアの王族が5億円出資

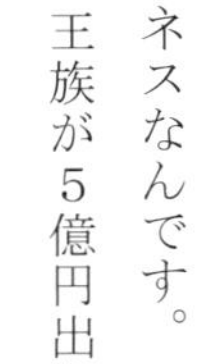

するということでした。

で、その話を持ってきた日本人が北海道から中古の観覧車を買い取り、それを船でインドネシアまで運んで、バリの有名なビーチスポットに建てるという話だったんです。

分厚いプレゼン資料まで準備されていました。しかも王族が5億円もの大金を出資するというのです。でも、王族から言われたのは、5億円出資するが、その前に自分たちで１０００万円分の出資者を探さないと5億円は出資できないと言われたそうです。

自分で出してはダメ。必ず他者にプレゼンして、１０００万円を集めなさい。なぜなら、１０００万円すら自力で集められないような信用力がない人とは取引はしたくないから、と。

そこで、以前に親交のあった知人がアポを取ってきて、観覧車ビジネスに出資してくれないかとオファーがありました。王族との取り分は、60%が運営サイドに入る。王族側は何にもしないので40%で十分だとの話でした。そして、知人たちが受け取る60%の取り分から、20%は僕らに還元するという話なのです。

つまり、わずか１０００万円出資するだけで、総工費5億円かかるビジネスの権利収入が僕らにチャリンチャリンと入ってくるのです。

そんなおいしい話があるのか!?

いや、これが王族のビジネス流儀なんです。彼らはＷＩＮ－ＷＩＮじゃないとビジネスは続かないと言っています。だから、運営する側に多く取ってほしいと言うのです。さすが王族。懐《ふところ》がでかすぎです！ ちょうど経営者仲間２名でジャカルタ視察に来ていた僕らは、この話に飛びつき、２人で５００万円ずつ、計１０００万円を出資することに決めたのです。

周りの友人たちからは「それは詐欺の匂いがプンプンする」とかなりバカにされていましたが、「いや俺たちは夢を買ったんだ！ 観覧車は大化けするぞ！」なんて息巻いていました。

はい、でも、ちゃんと詐欺でした（笑）。

と、まぁ、こんな失敗も、**「いやー、１０００万で済んでツイてる、いい勉強しちゃったね」**と、

出資した仲間と2人で大笑いしてしまいました。もうね、こうなったら笑うしか道はないんです。落ち込んだって仕方ないですから。

もちろん、この経験をきちんと次に生かしていくんです。今回で、やはりおいしい話は詐欺だっていうことをきちんと学びましたから。これは僕にとってはプラス以外の何ものでもないのです、って無理やりプラスに結びつけすぎですか？（笑）

僕はもともとこのような発想はできませんでした。

やはり昔は、だまされたら相当へコんでいました。でも、筋トレのように日々、ツイていないときに「ツイてる！」と毎日言い続けるトレーニングをしていたから、イヤなことがあっても、「これは何のチャンスだ？」と自然と考えられるようになったのです。

こうなれば、「失敗＝発見」ですから、エジソン脳の完成です。発明王と言われるエジソンでさえ、電球の発明をするまでに1万回以上も失敗しています。その超人的な忍耐力に対する賞賛の声をよそに、エジソンは言いました。
「私は、実験において、失敗など一度たりともしていない。これまでこの素材では電球は光らないという発見を、いままでに1万回以上してきたのだ」

すごくないですか？

1万回以上も失敗しているのに、本人は失敗にまったく気がついてない（笑）。
エジソンの頭のなかでは「失敗＝発見」となっているのです。

「失敗は成功のマザー」、
失敗や挫折を**「夢を叶えるための経験だ。ツイてる！」**と思えた瞬間から、
あなたの成功は保証されたようなものなのです。

ROAD 17

内なる叡智《えいち》につながる言霊メソッド「まなゆい」

MOVE IT!
HOW TO CATCH OUR DREAMS MOST JOKINGLY IN THE WORLD

僕は自分らしさの「種《たね》」は、次ページのイラストのように3層構造になっていると思っています。地球のように捉えてもいいと思います。地表は、モヤモヤした感情で覆われていて、そのモヤモヤの先には、こうしたい、こう生きたいという「夢」というマグマが宿っています。そして、その中心には「使命」があります。

「使命」とは、自分の夢が、誰かの喜びにつながっているかどうかです。

あなたの喜びが、周りの人の喜びまで生み出す領域に入ってきたら、「使命」のステージに入ります。

モヤモヤを突き抜けるとやりたいこと、夢が出てきて、やりたいところの中心には使命があなたを待っています。使命とは、誰かの喜びです。

最終的に、人は喜びを分かち合うことこそ最高の幸せだという境地にたどり着くのではないかと僕は思っています。つまり自分ひとりだけでは幸せになれないのです。

人間という文字が人の「間《あいだ》」と書くように、人と分かち合う幸せが「種」の真ん中にあるんです。

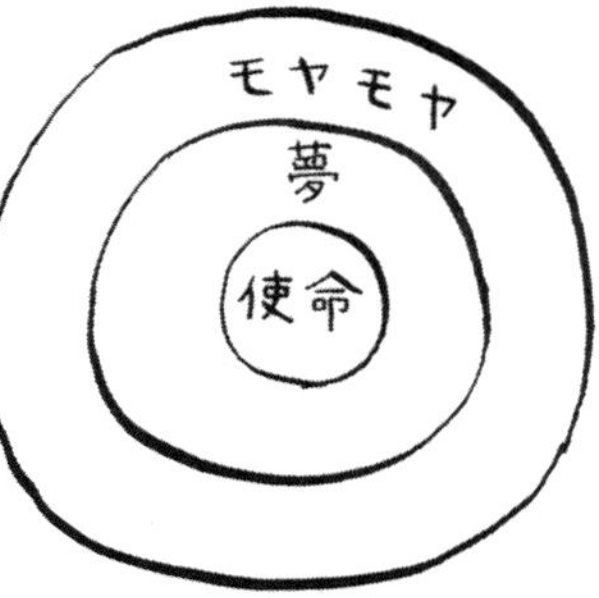

では、どうやったらモヤモヤを晴らして、自分の種の中心に向かっていけるかですが、それは、力を抜けばいいんです。

たとえば溺《おぼ》れたときに、力を抜いたら一瞬で水面に浮上します。実際の人生において、力を抜くとは、自分の心の状態をありのままに、受け入れ、認め、ゆるしてあげることです。

それが、あっという間にできてしまうオススメの方法が「まなゆい（愛結）」という言霊メソッドで、僕の友人の小玉泰子さんが、宇宙から受け取ったものです。

もし、僕がノーベル平和賞をあげられるとしたら、このまなゆいにあげたいと思ったほど、シンプルで深い、素晴らしいメソッドです。

たった4つの言葉を使うだけで、自分の存在を受け入れ、自分の内なる声を聞けるようになります。たった4つの言葉で、感情のモヤモヤを晴らし、自分らしいビジョンを見つけ、そこに向かうためのアイデアすらも、自分で見つけることができるようになります。

まなゆいは、「受け入れ」「認め」「ゆるし」「愛しています」という4つの言霊を使います。4つの言葉を使うだけなので、とてもシンプルです。まなゆいは1人でもできますし、2人でやるやり方もあります。まずは、1人の方法からお伝えします。

何かイヤな気持ちになったら、その心のつぶやきに、

「〜と思った自分を受け入れ、認め、ゆるし、愛しています」

と、くっつけてください。それだけです。シンプルでしょ？

私は、○○○と思った自分を受け入れ、認め、ゆるし、愛しています。

○○○に心のつぶやきを入れるだけです。

例1　私は、「片づけができない自分って情けない」と思った自分を受け入れ、認め、ゆるし、愛しています。

例2　私は、「満員電車はイヤだ」と思った自分を受け入れ、認め、ゆるし、愛しています。

そこからスタートして、その次に思い浮かんだ心のつぶやきを、そのまま、またこのフレーズに入れて言います。

どんなイヤな自分であろうとも、

「私は、＿＿＿＿＿と思った自分を受け入れ、認め、ゆるし、愛しています」

と、4つの言葉で自分の素直な気持ちを全肯定していきます。ひたすら4つの言霊

で、どんな自分もOKって認めてあげるのです。
すると、自己否定は癒されていき、いい悪いというジャッジの世界から解放されていきます。すると、どのような自分でありたいか、という心の声が聞こえやすい状態をつくることができるのです。

すぐに他人の目を気にしちゃう自分が嫌いなら、「他人の目を気にしすぎて疲れてしまう、と思った自分を受け入れ、認め、ゆるし、愛しています」と言います。
その次に湧き上がってくる感情も同じように繰り返し全肯定していきます。たとえば、「そうは言っても、そんな自分をゆるせない」という思いが湧いてきたら、「そうは言っても、そんな自分をゆるせない。と、思った自分を受け入れ、認め、ゆるし、愛しています」と言います。次に、「だって、人に嫌われたら独りぼっちになってしまうから」と恐れが出てきたら、そう思った自分も受け入れ、認め、ゆるし、愛します。

本気で受け入れなくていいんです。言葉には言霊が宿っているので、このフレーズをただ言ってるうちに次第に気持ちも変化していきます。

これを1分、2分、5分、10分、15分と自分の心がスッキリするまで、ひたすら湧き上がる思いを４つの言葉で全肯定していきます。途中、「お腹がすいたな」と浮かんでも、「お腹がすいたな、と思った自分を受け入れ、認め、ゆるし、愛しています」と浮かぶものは、何でも全肯定してあげます。

終え方は、スッキリしてきたら終了ですが、いつ終えても大丈夫です。慣れてきたら心のなかでつぶやくだけでもＯＫですが、最初は声に出すとなお変化が早いです。

ムカッときたときに、１回言うだけでもいいです。

受け入れると、癒《いや》しが起こります。

癒しは、否定・非難からは起こらなくて、「受容」から起こるからです。人は認めてもらってからじゃないと、なかなか新しい一歩は踏み出せません。感情も一緒。まず受け入れ認めてあげることです。

まなゆいは、アイデアを出すときも使えます。たとえば、僕が今年に入ってやった

まなゆいの例はこんな感じです。

「今年で作家生活11年目になるから、何か新しいことをやりたいなと思った自分を受け入れ認めゆるし愛しています」

（そのあとも、湧き上がるものを全部この４つの言葉で肯定していきます）

←

「この10年で、最高に納得のいく本を40冊書けたので、今度は、もうちょっと違う表現も挑戦してみたいと思った自分を受け入れ認めゆるし愛しています」

←

「でも、なんか本以外にできることってないんだよなと思った自分を受け入れ認めゆるし愛しています」

←

「あっ、でも昔から音楽好きだったなと思った自分を受け入れ認めゆるし愛しています」

←

「そういえば、昔から三味線の音、好きだったよなと思い出した自分を受け入れ認めゆるし愛しています」

←

「でも忙しいから、いい先生にめぐり逢えないと時間つくる気しないなと思った自分を受け入れ認めゆるし愛しています」

←

「いい先生ってどうやって出会えばいいかわかんないしなと思った自分を受け入れ認めゆるし愛しています」

←

「まあ、わかんなくても今日会う人に、『三味線のいい先生いませんか？』と聞いてみようと思った自分を受け入れ認めゆるし愛しています」

そんなアイデアが出てきたので、その日会う予定だった、僕のやらせてもらっている「名言ラジオセラピー」というラジオ番組のなおさんというプロデューサーに「いい三味線の先生いませんかね？」と聞いたら、「いや、私の同級生がめちゃめちゃ面白い三味線の先生よ」と言われて、いま、その先生から三味線を習っているんです。

自問自答して、「受け入れ認めゆるし愛しています」と、1人でぶつぶつ言ってる

だけで、モヤモヤが晴れわたり、アイデアも出てくるところが、ほんと、まなゆいの不思議で楽しいところです。

まなゆいは基本1人でできるメソッドで、1人まなゆいだけでも素晴らしい変容は起きるのですが、実は、2人でやるとさらにパワフルです。

2人まなゆいは、1人まなゆいに合いの手を入れるように応援する人が、応援のフレーズを言いながら進みます。

まなゆいをして、自分の心の声を聴く人を「まなゆいさん」と言います。まなゆいさんを応援する人を「応援さん」と言います。まなゆいさんも、応援さんも、セリフは1つですからとてもシンプルです。こんなふうに進めます。

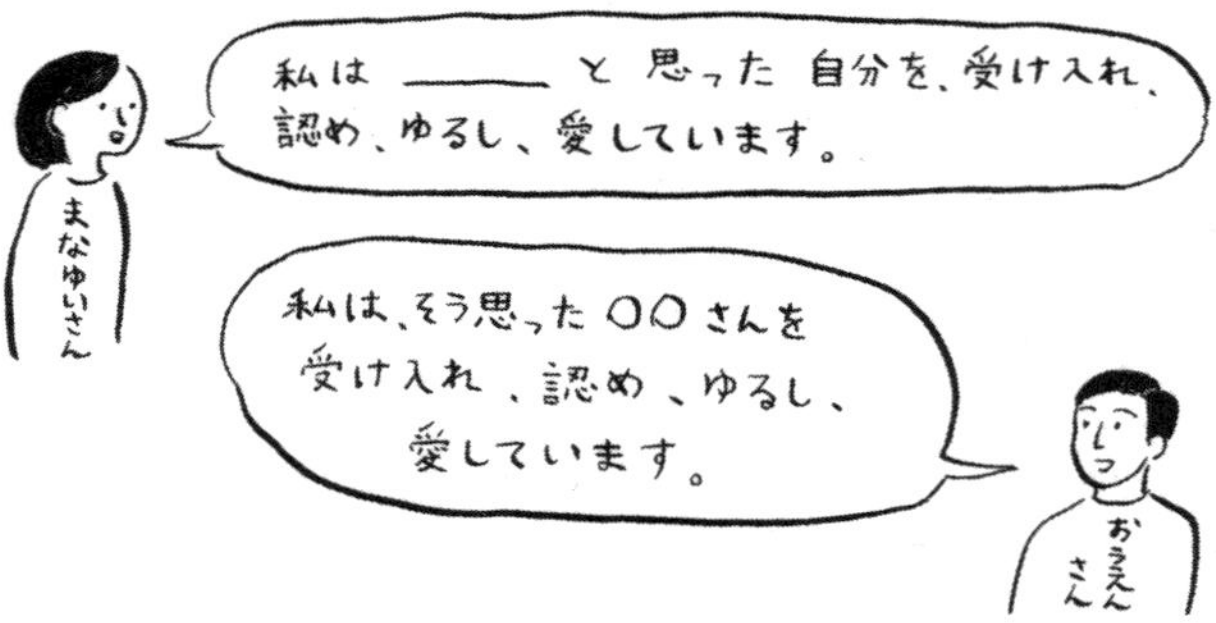

（まなゆいさん）私は、片づけができない自分って情けない、と思った自分を受け入れ認めゆるし愛しています。

（応援さん）私は、そう思った〇〇さんを受け入れ認めゆるし愛しています。

（まなゆいさん）私は、部屋がちらかっていて、気分悪い、と思った自分を受け入れ認めゆるし愛しています。

（応援さん）私は、そう思った〇〇さんを受け入れ認めゆるし愛しています。

（まなゆいさん）私は、いままでで一番ひどい状態になってしまった、と思った自分を受け入れ認めゆるし愛しています。

（応援さん）私は、そう思った〇〇さんを受け入れ認めゆるし愛しています。

（まなゆいさん）私は、「これではいかん」と思った自分を受け入れ認めゆるし愛しています。

（応援さん）私は、そう思った〇〇さんを受け入れ認めゆるし愛しています。

（まなゆいさん）私は、本当に気にいったものだけに囲まれる生活っていいな〜と思った自分を受け入れ認めゆるし愛しています。

（応援さん）私は、そう思った〇〇さんを受け入れ認めゆるし愛しています。

このように、ひたすら2人で、受け入れ認めゆるし愛していくのです。

さて、ざっとやり方だけ、駆け足で紹介してきました。今回、ご紹介したまなゆいはシンプルバージョンのバージョン1なのですが、ほんとはバージョン3まであります。

まなゆいの奥深さに感動した僕は、16日間の合宿であるインストラクター講座にまで通ったほどなのですが、1日でも十分まなゆいを体験できる、まなゆいベーシックコース（ワンデイ講座）があるのでオススメします（講座の日程はホームページに掲載されています。http://www.manayui.com/）。

現在、まなゆいの小玉泰子さんとまなゆいの本もつくっていますので、それも楽しみにしていただければ。

セカフザ仲間で定例会をするときに、ぜひ毎回仲間でまなゆいをし合うといいと思います。

僕は、新潟と大阪で、ひすい塾なるものをやらせていただいているのですが、そこでも、このまなゆいは必須科目として取り上げています。一生の財産になりますから、ぜひこの機会にマスターしてくださいね。

私を受け入れた分だけ、世界を受け入れられます。
私をゆるした分だけ、世界をゆるせます。
私は、私を受け入れ認めゆるし愛しています。

Commented by 菅野

ひすいこたろうも天狗になったな。
と思った自分を受け入れ認めゆるし愛しています!

Commented by ひすい

僕は、そんな、菅野さんのツッコミを受け入れません、認めません、ゆるしません!
ただ、菅野さんのツッコミを愛してはいます（笑）。

ROAD 18

ピンチこそ「何のチャンスだ?」と問う

MOVE IT!
HOW TO CATCH OUR
DREAMS MOST JOKINGLY
IN THE WORLD

落ち込んでしまったとき、それを乗り越えるワークがあります。ぜひセカフザ仲間で遊びながらやってみてくださいね。まず、イヤなことがあった出来事を1つ、セカフザ仲間に言ってもらいます。

「あぁー、こんなことになっちゃった」とか言われたら、あなたは即座に「あぁ、ツイてますね」と言います。で、それがなんでツイてるのか考えて、「それは○○のチャンスだよ」と返すのです。

「失恋しちゃったんです」と言われたら、「あぁ、ツイてますね。それは、さらに素晴らしい彼氏と出会えるチャンスですね」といった感じです。

人が落ち込んでいるのに、ふざけていると思うかもしれませんが、自分事だと頭がいっぱいで思い浮かばないものです。でも、他人事《ひとごと》だとけっこう簡単に言えてしまう。言われたほうも、自分ではツイてるとは考えられないことでも、他人に言われると「あぁ、そうか」と思えてくる。あなたが悩んでるときも、仲間に「それはツイてるね」と言ってもらうといいんです。

夢も同じです。仲間から客観的に見てもらうことって大事なんです。

人の夢に対しては、「こうやったほうがいいよ」とアドバイスもできますが、けっこう自分で考えると見えなくなってしまうからです。自分のことは自分では見えなくても、他人が見れば一目瞭然ということも多いのです。これが仲間の良さです。

実は以前に投資で１億７０００万円を１日にして失ってしまったときがあり、ひすいさんにそのことを言ったのです。当時の私からしてみると、貯金のほぼすべて、９割くらいの額が消えてしまったわけですから、かなりショックだったんです。でも、そのとき、ひすいさんが

「菅野さんなら大丈夫！これ

ROAD 18
ピンチこそ「何のチャンスだ？」と問う
by 菅野一勢

は、いままで以上に稼ぐチャンスだよ」と言ってくれたおかげで、「よし、ビジネスで稼いで絶対に1年で取り返してやろう」と、本気のビジネスモードになれたんです。すると、実際にそのとおりになりました。

ひすいさんの言葉で、一瞬でビジネスモードに切り換わったのです。

「投資で1億7000万円を1日で失ったのは何のチャンスだろうか？」と自分に問うたら、いままでサボっていたから、もう一度ビジネスモードに切り換えるチャンスだと気づいたんです。

僕はビジネスでの失敗や景気が悪くなるときは必ず、「これは何のチャンスだろうか？」「これは神様からのメッセージで、もうそのビジネスにすがってないで新しいものを探せ」っていうチャンスなんだと即座に頭を切り換えるようにしています。

僕の場合は、ビジネスではあくまでも商売人。だから何でもやります。前にも書いたように、現在はサプリメントの会社もやっていますし、シンガポールでフィットネスジムもやっていますし、焼き鳥屋もやっているし、ラーメン屋もやっています。

僕はリアルビジネスのほうが得意でワクワクすることがわかっているので、実際に投資をやってみて「これは自分には才能がないな」と再確認させられました。そのおかげで一気にビジネスモードに火がついたんです。結果、いままで以上に稼げるようになったので、やっぱり、１億７０００万円投資で損したのはツイてたんです。

とにかく、いまのあなたのピンチというのは必ずチャンスに好転することなので、エジソンのように、どんなピンチにも動じない、しかもそれをチャンスと思える練習をしてください。そして、仲間にピンチを話してください。

日本人は９割がマイナス思考と言われています。
楽観的思考の人が１割しかいないのです。

でも練習すれば、必ず変わります。練習し

ROAD 18
ピンチこそ「何のチャンスだ？」と問う

by 菅野一勢

てうまくならないものなど、この世にないんです。

「ツイてる」をログセにしよう。
ピンチのときは即座に「ツイてる。これは何のチャンスだろう？」と問いかけよう。

さすがの菅野さんも、1億7000万失ったときは、だいぶヘコんでましたよね。それでも「ツイてる！これは何のチャンスだ!?」って言ってたのには感動しましたけどね。だいぶ顔が引きつってましたが（笑）。

ピンチ、ピンチ、チャンス、チャンス、ランランラン♪

ROAD 19

世界一理にかなった夢の叶え方

MOVE IT!
HOW TO CATCH OUR DREAMS MOST JOKINGLY IN THE WORLD

僕がいまプロデュースさせてもらっている「和の成功法則」という日本人の価値観、日本人のＤＮＡに合った成功法則をお伝えするプロジェクトがあります。

その真髄は、神道の教えのなかで、長らく秘伝中の秘伝として伝えられ、ごく一部の人間によって伝承されてきた願望実現メソッドを体系化したものです。サンマーク出版からも『和の成功法則』（大野靖志著）というタイトルで出版され、大変ご好評いただいています。

さて、願望実現の重要な鍵の１つは、僕らが普段何げなく使っているものに隠れているというのです。

それは、なんと、**「日本語」**です。

ROAD 19
世界一理にかなった夢の叶え方

by 柳田厚志

このプロジェクトの先生は、25年以上をかけて、日本語の周波数1音1音をすべて解明しました。その結果わかったことは……。

日本語は、最強の願望実現ツールだったのです。

実は日本人は、古代から言霊の力を信じ活用してきました。それは古事記や日本書紀の時代にまでさかのぼります。

山上憶良《やまのうえのおくら》は「ことだま」を「言霊」と記し、柿本人麻呂《かきのもとのひとまろ》は「事霊」と記しました。つまり、むかしの日本人は「言」と「事」を区別していなかったのです。言葉によって、事を起こす（現実を創造する）というのは、当たり前だったのです。

でも、僕らが生きるいまの時代は、言葉で現実を創造したり、願望を実現することは、なかなか難しくなっています。なぜなら、入ってくる情報が多すぎて、それらがゴミになって、言霊の力が通じにくくなっているのです。だからこそ必要なのが、

「祓《はら》い」の技法です。和の成功法則の真髄とは、日本人が古来受け継いできき

た「祓い」の技法と「言霊」によって、願いを叶えていきます。

和の成功法則でお伝えしている、願望実現や現実創造の公式があります。それがこちらです。

1. 祓う

2. 空《くう》になる

3. 言葉を出す

これが願望実現の3種の神器です。

いきなり言葉を出しても、ゴミが邪魔をしてなかなか現実の世界で叶うことはありません。でも、祓詞《はらいことば》などで、あらゆるエネルギーを祓うことで（ステップ1）、「空」の状態が生まれます（ステップ2）。この「空」の状態が、すべての根源である「5

次元」の世界です。

5次元は、最新物理学でも存在が証明されています。その状態から、言葉（言霊）を発信することで、現実を創造する働きが作用するというのが神道の教えなのだそう。

そうなんです。ものすごく科学的な理にかなった方法で現実を創造し、願望を実現できるのです。これが古来脈々と受け継がれてきた叡智なのです。

ここでセカフザを思い出してください。

僕らは、居酒屋の地下室に集まって夢をノートに描き、「お前ならできる！」と応援し合って夢を最速で叶えてきました。和の成功法則の現実創造の公式に照らし合わせれば、実は、僕らが何げなくやっていたことは、とても理にかなっていたのです！

【現実創造の公式】

1．祓う
2．空になる
3．言葉を出す

【セカフザの公式】
1．地下室に集まり、仲間と楽しく酔っ払うことで日頃のモヤモヤが晴れる（祓う）
2．仲間と一緒に純粋な気持ちになる。ゆるむ（空になる）
3．ノートに夢を描き、それを宣言。そして「お前ならできる！」と応援し合う
（言葉を出す）


いかがでしょうか？（笑）かなりこじつけていますけどね。

「祓う」の語源は「笑う」だとも言われて、大阪の枚岡《ひらおか》神社などは、笑うことがご神事になっています。セカフザは、お酒を飲みながら、本音を語り合い、そして、笑いに包まれる場のなかで、僕らはゆるみ、次第に「空」の状態になっていくのです。

そして、本心からの夢をノートに記し、言葉にし、予祝で、前祝いをするわけです。

僕らが何げなくやっていたことは、古来に伝わる現実創造の叡智に照らし合わせても、実はとても理にかなっていたのです！　そう言っていいんじゃないでしょうか？（笑）

和の成功法則をプロデュースし、現実創造の公式を教えてもらったとき、冗談では

なく、本気で僕はそう思ったのです。

ただ言葉を出したり、書いたりする前に、純粋な気持ちになって、真っ白なキャンパスに夢を描くのです。

「誰かにバカにされるかな」とか、自分自身で「どうせムリ」とシャットアウトする前に、バカげているようですが、居酒屋で飲んで、酔っ払うことでそういったゴミを払うことは、まさに和の成功法則そのものだったんです。

酔うと気持ちが大きくなりますよね。普段難しいと思っていたことも、何でもできそうに思えますよね。そこに「お前ならできる！」と励ましてくれる仲間がいる。それって、願望実現状態（空）に限りなく近い状態ともいえると思うのです。

その状態で、自由に夢を描いて、しかもお互いに応援する。そのとき、目に見えない力が発動され、成功のスパイラルが加速していく。そんなふうに思ったのです。
だから、バカにしないでちゃんとセカフザをやった仲間には、**数々の奇跡をもたらしてくれるのです。**

僕らだけではありません。セカフザを出して2年で、たくさんの読者さんが、仲間とセカフザを実行してくれました。そして、「セカフザをやって夢が叶いました」という報告が続々寄せられています。
いまも日々、日本中、いや世界中でセカフザの輪は広がっています。

世界一ふざけた夢の叶え方は、世界一理にかなった夢の叶え方でもあったのです。

ROAD 19
世界一理にかなった夢の叶え方
by 柳田厚志

最後にもう1つ。

実は、和の成功法則でお伝えしている願望実現の秘伝には続きがあります。

それは、「個人の願望」は叶いづらく、「公《おおやけ》の意志」ほど叶いやすいということです。

1人の喜びより、みんなが喜ぶもののほうが叶いやすいってことです。

僕らは夢を語り、お互いに応援してきました。よくよく考えれば、応援される夢というのは、どこか公の要素があるものです。

菅野さんの「年収1億円」というのは個人の願望のように思うでしょう。事実、菅野さんは最初そうだったかもしれません。いや、間違いなく個人の願望でした（笑）。でも、1億円稼ぐ人間になることで、多くの若者に夢を与え、雇用を生み出し、途上国への支援も通じて、社会にもきちんと還元しているのです。

ひすいさんの「本を出してベストセラーになる」というのも、個人の願望のように思えますが、その先には、多くの読者のみなさんに、ものの見方を変える手助けをし、本で100万人の人たちに希望を届けています。

「海の近くに愛する家族と住み、サーフィン三昧の生活をしながら、社会に喜ばれるビジネスでがっつり稼ぐ」

というのは、ふざけているようで、「あり方」から出たライフスタイルだと書かせてもらいました。僕自身も、このライフスタイルで、新しい生き方を自らの背中で示し、子どもたちに夢と希望を伝えることをビジョンに掲げています。社会に喜ばれるプロジェクトをプロデュースして、たくさんの喜びの声を受け取っています。

あとづけと思うかもしれません。でも、和の成功法則の真髄を教えてもらい、自分たちの軌跡に照らし合わせたとき、やはり**個人の願望を公の貢献まで昇華させたときに、ほんとうに面白**

いように、次々に夢は叶っていくのだと感じています。だからあなたも、いますぐ仲間と地下室に繰り出して、陽気に笑いながら、夢をノートに描いて叶えていきましょう。

伊勢神宮は別名、「五十鈴《いすず》の宮《みや》」と言われます。五十鈴とは五十音。

あいうえお
〜
わゐうゑを

日本語は「あ」から「わ」にいたる路。つまり、「あわじ」（淡路島）。神話をいまに伝える「古事記」「日本書紀」では、世界で最初に生まれたのが淡路島であると言います。日本語は「あ」から「わ」に至る路。「あ」なたの幸せを、「わ」たしの幸せに結ぶ路。愛《あい》に始まり、恩《おん》で終わるのが日本語の五十音の世界観なんです。日本語に、日本人の大切な世界観がすでに内在しているのです。

ROAD 20

「ジョハリの窓」で岩戸開き。新しい自分の見つけ方

MOVE IT!
HOW TO CATCH OUR DREAMS MOST JOKINGLY IN THE WORLD

中国の思想家、魯迅《ろじん》は言いました。

「指導者を求めるな。友を求めよ」と。

いいこともダメなことも、本音をちゃんと話せる友の存在こそ、究極の財産だと思います。そして、そんな仲間の存在が、新しいあなたの可能性の扉を開いてくれるのです。それはこういう理屈です。

自分とは４つの「窓」から成り立っているという考え方があります。

サンフランシスコ州立大学の心理学者ジョセフ・ルフトとハリー・インガムが発表した「対人関係における気づきのグラフモデル」のことです（２２５ページ）。

一般的には「ジョハリの窓」と言われています。４つの窓とは、こちら。

ROAD 20
「ジョハリの窓」で岩戸開き。新しい自分の見つけ方
by ひすいこたろう

①自分はわかっているし、他人もわかっている「開放の窓」
②自分はわかっていないけど、他人はわかっている「盲点の窓」
③自分はわかってるけど、他人はわかっていない「秘密の窓」
④自分もわからない、他人もわからない「未知の窓」

②の自分はわかっていないけど、他人はわかっている「盲点の窓」は、他人から教えてもらえばすぐにわかります。たとえば、僕が言われて驚いたのは、「ひすいさんは声がいいから、人前で話すといいんじゃないですか？　ラジオとかもやるといいと思います」

声がいいなんて自分ではまったくそう思っていなかったので、そう言われて驚きました。

たしかに、現在、「名言ラジオセラピー」と絵本作家の、のぶみさんと一緒にやっている「ラブ&ナチュラル」と2つのラジオ番組をやらせてもらっていますが、思いのほか好評なんです。また、講演も自分からは、むしろやりたくないと思っていた苦手な分野なのですが、これも人気で、いま年間100回くらい全国で呼んでいただいています。

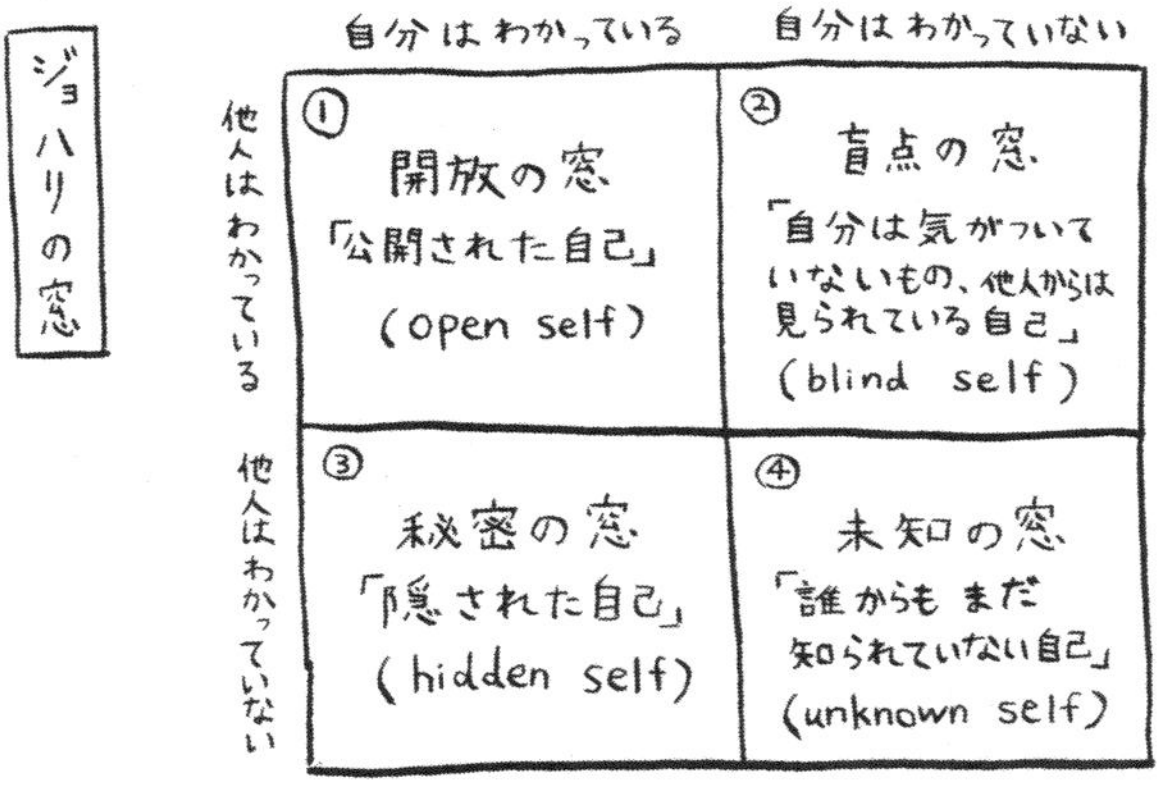

ジョハリの窓

	自分はわかっている	自分はわかっていない
他人はわかっている	① 開放の窓「公開された自己」(open self)	② 盲点の窓「自分は気がついていないもの、他人からは見られている自己」(blind self)
他人はわかっていない	③ 秘密の窓「隠された自己」(hidden self)	④ 未知の窓「誰からもまだ知られていない自己」(unknown self)

自分では気づきもしない才能って誰しもあるんです。

そこを掘り起こしてくれるのが、仲間からのフィードバックなんです。

そしてきわめつけは④の「未知の窓」です。自分にはわかっておらず、他人もわかっていない、つまり、誰も知らない未知なる領域「未知の窓」。

ここは、どうやってその扉を開けばいいのでしょうか？

これは最近、仲良くさせてもらっているコンサルタントの吉武大輔さんこと、大ちゃんから教えてもらった、とてもいい方法があるんです。

「自己開示」と「他人からのフィードバック」で、誰も知らない自分の未知なる領域を開くことができるのです。


まずは図を見てください（次ページ）。

「未知の窓」を開くには、自分はわかっていて、他人にはわかっていないことを他人にオープンにするんです（自己開示といいます）。自分のいいところもダメなところも自己開示するんです。

すると、他人がわかる領域が広がるわけですから、真ん中の横のラインが下に降りてきます（図のA）。そして、「未知の窓」の面積が小さくなります。つまり、誰も知らなかった、「未知の窓」が開かれたことになります。


さらに、自分はわかってないけど、他人はわかっていることをフィードバックしてもらいます。すると、自分のわかる範囲が広がるので、真ん中の縦のラインが右に移

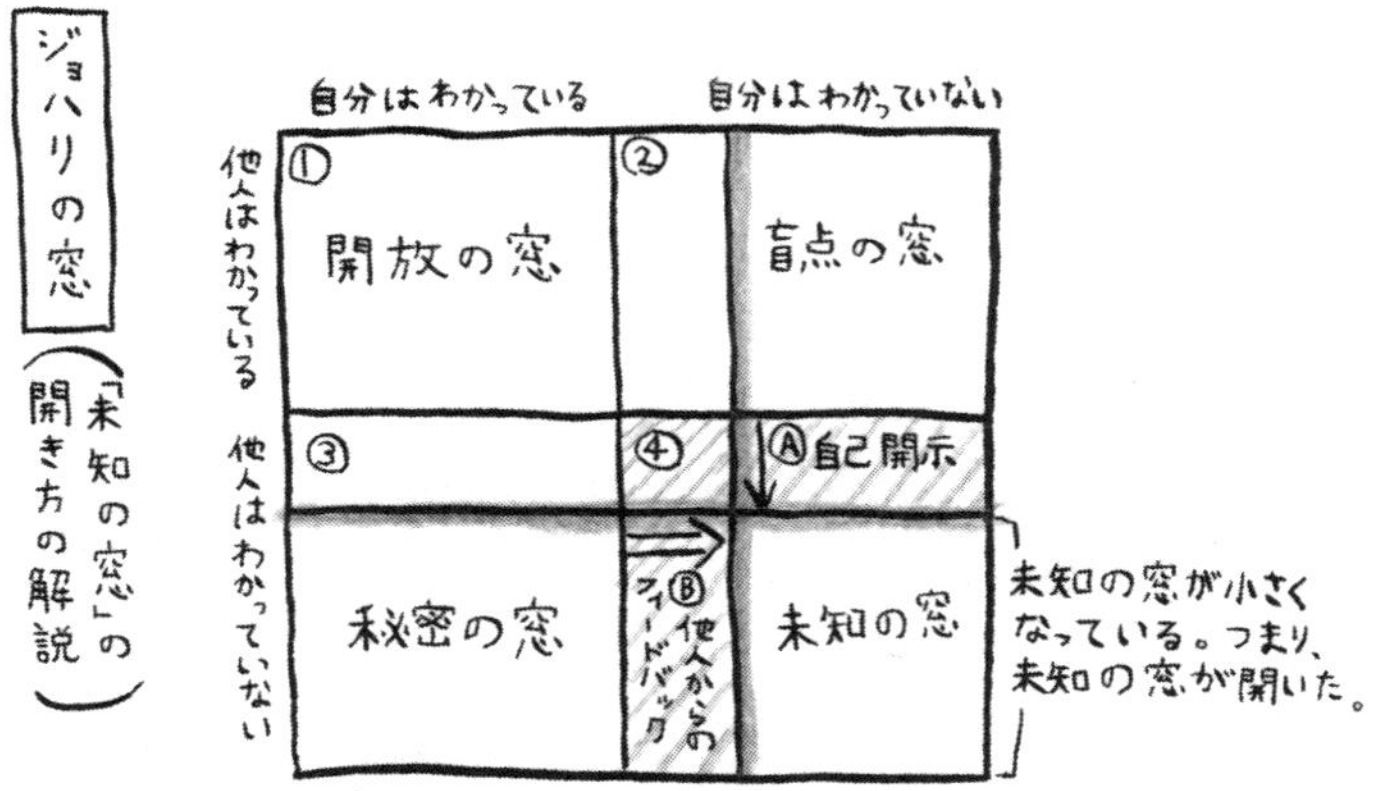

動して（図のB）、自分の分かっている範囲が広がり、同じく「未知の窓」の面積が小さくなります。ということは、「未知の窓」がさらに開放されたということです。

図でいうと斜線の部分がそれまで未知だった扉が開かれた領域になります。誰も知らないあなたの未知なる可能性がこうして顔を出すのです。

「自己開示」して、「他人からのフィードバック」をもらうと、いままで閉じていた未知の岩戸が開き始めるってことです。

たとえば、僕の講演に100回以上来て

くれている大阪のタクシードライバーのまことさんの例で説明しましょう。

彼はある事件に巻き込まれて、ストレスから体重が20キロも落ちて、外にも出られなくなり、会社もクビになってしまったことがあったそうです。

精神的にも追い込まれて、本を読む気力すらない。でも名言なら1、2行です。それなら読めるとインターネットで検索したら、僕のメールマガジン登録の文字のところだけが、なぜか光って見えたのだそう。そして登録して、毎日読むうちに元気になったそうで、ついには働けるようになり、タクシードライバーの職についたわけです。

でも、タクシーの仕事は、彼がやりたくてなった仕事ではなく、当時はタクシーしか雇ってくれる会社がなかったのだとか。だから、早くやめて違う仕事を探したいという思いでしぶしぶ働いていたそう。そんなまことさんが、ある日、僕に夢を打ち明けてくれたのです。

「ほんとは僕も、ひすいさんのような講演家になりたいんです。タクシーのドライバーじゃなくて」

彼はそう恥ずかしそうに夢を語ってくれました。

自己開示です。自分はほんとうはこう思っているって、最初は伝えるのはすごく恥ずかしいんです。僕も作家を目指しているのを、菅野さんたちに言うのは最初は恥ずかしかった覚えがあります。

「えっ？　お前が作家目指してるの？」なんて思われたくなかったからです。でも、そこは勇気を持って自己開示するのです。すると、『こうしたほうがいいんじゃない？』って他人からのフィードバックをもらえます。そうして、「未知の窓」が開き始めるのです。

僕はまことさんの自己開示を受けて、こうフィードバックしました。

「講演する人の本質っていうのは、人の心を元気にすることだよ。それは講演家にならなくてもタクシーのなかでも、今日からでもできる。まことさんは僕の講演を100回以上聞いてるから、すでにいろんな名言を知っているよね。それをプレゼントしたらどう？

まことさんは自分では気づいてないかもしれないけど、すごく直感力がある。だから、背中でお客さんを感じて、そのときに一番お客さんに必要な言葉を、ひらめくって決めて浮かんだ名言をカードに書く。で、降りるときにお客さんに名言カードをプ

レゼントするのはどうだろう？　数をかさねていくうちに、まことさんならほんとうにいま一番必要な言葉がひらめくようになると思う」

まことさんは、それをやり始めたんです。赤信号のときに、そっとお客さんを感じて名言を記しておくのです。そして、降りるときにプレゼントする。すると、すごく喜ばれて、感動して泣き崩れてタクシーから降りてくれないお客さんも出てきたとか（笑）。

そんなまことさんは、いまや４００人ドライバーがいる会社で、毎月トップクラスの売上げを誇り、「稼ぎ頭《がしら》」というあだ名がつき、テレビからも密着取材の依頼が来るような有名ドライバーになったのです。その結果、講演依頼もきたのです。

「自己開示」と「他人からのフィードバック」で、誰も知らなかった未知なる可能性が花ひらいたのです。

直感力があるというのも、まことさんは自分では気づいてなかったようで、僕から言われて初めて気づいた自分の未知なる可能性だったそうです。このように他人から見たほうが、その人の生かし方がはっきり見えることって多いんです。

僕らが定例会で、やってきたのもそれです。４人で自分の夢や現状を自己開示して、フィードバックを受けて、新しい未知なる領域を１つひとつ開き合ってきたのです。

フィードバックはダメ出しではなく、愛から相手のために言います。

相手の成長こそ、自分の成長になると思って伝え合うのです。菅野さんなんか自己開示しっぱなしで、せめて、そこは内緒にしててくれっていうところまでオープンです（笑）。

でも、だからこそ、周りの人たちが菅野さんをどう応援すればいいのかがわかりやすくなっているんですね。菅野さんは何が苦手で、何ができないか、僕らもよーく知っているからです。だから、菅野さんの苦手なことは頼まないし、期待もしない。

合宿の日に、５時間遅刻してきても、まあ、それが菅野さんだよねって、僕もぼーずクンも苦笑い１つでゆるしました（笑）。

自己開示したら、「ああ、この人はこういうことをしたいんだな」ってわかるし、「じゃあ、それに対して、自分はどういうことができるかな。何を応援できるかな」と応援しやすくなってきます。

最後に、セカフザメンバーの菅野さんとコジマくんと出会った心理学の日本メンタルヘルス協会（通称メンタル）でのことをお伝えさせてください。

僕は、メンタルさんのテキストづくりに関わらせていただいたんですが、そのときに聞いたこのエピソードが大好きなんです。

卒業式のときに、ある方が衛藤信之先生にこう言ったのです。

「ここを卒業して、いつか僕も有名な講師になって戻ってきます」

しかし、衛藤先生は、「有名になったら戻って来なくていいよ」と言ったんです。何でメンタルをつくったかと言ったら、いろいろ挑戦して傷ついたときに、いつでも帰って来られる場所をつくりたかったんだと。

傷ついたときに励ましてくれる仲間がいたら、人は何度でもまた立ち上がれる。

だから、傷ついたときに支え合える仲間をつくりたい。それがメンタルだと衛藤先生はおっしゃったんです。僕はそこに感動しました。

そういう仲間をあなたにつくってほしいんですね。

あなたのセカフザ４人チームを。

だって、ビートルズが証明してくれましたから。

４人いたら世界を変えられると。

ＤＮＡの塩基配列だってわずか４つなんです。アデニン（Ａ）、チミン（Ｔ）、グアニン（Ｇ）、シトシン（Ｃ）、この４種類の塩基の並び方でＤＮＡはできています。

４つの配合で世界はできているのです。

やっぱり、４人いたら世界は変えられるのです。

Commented by 柳田

「稼ぎ頭」というあだ名を持つ、まことさん。

僕らの全国トークライブにも毎回来てくれて、時には一緒に旅をします。レンタカーで会場に向かう際、当然、タクシードライバーのまことさんに運転をお願いしますよね。

でも、そこで衝撃の自己開示が……。

「僕、タクシードライバーだけど、バック苦手なんですよね」

おいおい、まことさん！　その自己開示以来、僕らは自分たちで運転することにしています（笑）。

出典「吉武大輔の『世界はいつも優しい』」http://dilm.jp/

ROAD 21

「どうありたいか」を描けば仕事は与えられる

MOVE IT! HOW TO CATCH OUR DREAMS MOST JOKINGLY IN THE WORLD

僕は10年後のライフスタイルを実現させるべく、まずは必死に働くことを決心しました。そこで、出会ったのが、当時立ち上がったばかりの英会話スクールのベンチャーの営業です。

オーストラリアでの経験を生かせるということで、働き始めましたが、最初は慣れない東京でものすごく不安でした。しかも僕が最初に住んだのは、3畳の外国人ハウスです。いまでこそ、シェアハウスは一般的になり、きれいなところも増えましたが、当時は、日本人は絶対住まないようなボロボロの家やアパートを外国人向けに改造して貸していたのです。

しかも僕の部屋はそのなかでも最安の3畳一間。さらにすごいのは、隣の部屋との仕切りはふすまなんです。部屋の入り口はドアが2つあって分かれていますが、部屋と部屋の仕切りはふすまです。つまり、開けたら、先輩の住んでる4畳半がすぐに見

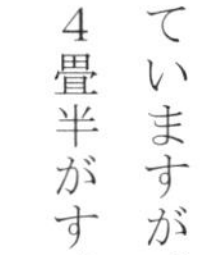

ROAD 21
「どうありたいか」を描けば仕事は与えられる

by 柳田厚志

えるのです（笑）。

僕はこんな最底辺から東京生活、社会人生活をスタートしました。でも僕はワクワクしていました。なぜなら心には常に**「10年後のあの夢」**があったからです。だからがんばれました。

英会話スクールでは、営業の仕事でした。僕はここで働かせてもらうにあたり、こう宣言しました。

「2年間だけ働かせてください」

そう宣言して、とにかく死ぬ気で働きました。10

年後に向けて、２年後には次のステップに進みたかったのです。全然自信はありませんでしたが、目の前の仕事を愚直にやっていたら、ナンバーワン営業マンになっていました。

そして辞めるまでの２年間、常にナンバーワンでした。その理由はただ１つです。

誰よりもお客さんに会い、誰よりも長時間働く。

そこにいっさいの苦痛がなかったかと言えば嘘になります。でも、僕には、10年後の譲れないライフスタイルがあったから、いま、がんばることで、必ずあのライフスタイルに近づいていると信じて働くことができました。

10年後の希望が、いま目の前の困難を笑顔で乗り越える糧《かて》となったのです。

幸いその会社は、若いベンチャーでみんなで会社の文化をつくっている最中でしたから、楽しかったし、自分たちの裁量で仕事ができたので、本当に成長することができました。

僕は不思議なことに、この英会話ベンチャーも、次のフォレスト出版も、会社が右肩上がりになる（成長期の）入り口で働けたことが、とても財産になっています。

いま若い人にアドバイスするなら、仕事は何でもいいのですが、できれば、そういう右肩上がりに成長する直前の会社で働くことをオススメします。成長中なので荒削りで、ダメなところもたくさんありますが、自分たちで成長、改革、問題解決していくやりがいと経験が間違いなく自分で事業をするうえでも役に立ちます。

実はそこでいまの妻と出会いました。

まさか当時は結婚するとは思いませんでしたが、彼女は僕の夢に耳を傾けてくれて、自分のやりたいようにやったらいいと、僕の夢をあと押ししてくれました。

というか、「僕のライフスタイルを実現するなら、彼女とだな」と自然にそう思えたので結婚にまでなったのだと思います。これもライフスタイルを描き、実現するために動いていたからこそ、神様に与えられた出会いだと思えるのです。

描いた理想のライフスタイルが、そのスタイルに合う理想の彼女との出会いをつくってくれたように思えるのです。

英会話スクールでの2年間を終え、次のステップとして、独立を視野に入れてフォレスト出版へ転職しました。この話は『セカフザ』でも触れたとおり、「3年後に独立しますが、入社させてください」と宣言した僕を、たった5分の面接でタバコを吸い始めた太田社長と田中専務の懐《ふところ》の深さで入社しました。

結果的には4年半後の独立でしたが、ここでの経験が、コンテンツプロデューサーという新しい仕事との出会いになりました（フォレスト出版での仕事は、前著に詳しく述べています）。

実際に29歳で湘南の海が目の前の家に住むようになって、結婚をして、プロデュースの仕事をするようになりました。インターネットをはじめとするテクノロジーの進化もあって、どこにいても仕事ができるようになったのです。

気がつけば、朝起きて波があればサーフィ

ROAD 21
「どうありたいか」を描けば仕事は与えられる
by 柳田厚志

ンができる、思い描いたライフスタイルが実現したのです。

おかげさまで、僕のライフスタイルに憧れて、「どうすれば、柳田さんのようになれるんですか？」「僕のライフスタイルも柳田さんのような感じがいいです」と言われたりすることが増えてきました。

でも、ほとんどの場合、サーフィンだったり、海の近くの家だったり、自由なライフスタイルだったりという、目に見える「何をやっているか」の部分で漠然と憧れているることが多いと思うんですね。

つまり、やり方に目が向いています。

でも、僕が自分の経験を通じて心の底から確信しているのは、

「やり方」ではなく「あり方」

をもっともっと見つめよ

う、ということです。「自分はどうありたいのか」をもっともっと真剣に自問自答する。自分の魂の声に耳を傾けてみるのです。

ここで、ライフスタイルの定義を見てみましょうか。

「ライフスタイルとは、生活の様式・営み方。また人生観、価値観、習慣などを含めた個人の生き方」

ですが、僕自身の定義はこうです。

「自分の存在をかけて成し遂げたい生き方」

正直に言って、あなたが「どうすれば」いいか、「何をすれば」いいかという答えは、僕にはわかりません。ライフスタイルとは、あり方そのものであり、あなたの存

在をかけて成し遂げたいことですから。

あなたにはあなたの性格もあるでしょうし、育ってきた環境もあるでしょうし、大切にしている価値観も違います。ですが、大事なことは、夢を探したり、何をするかからスタートするのではなくて、

「心の底から自分がどうありたいのか」

という部分を、もっともっと大切にしてほしいのです。

この本をきっかけに、もう一度自分自身と向き合って考えてほしいと思うのです。よく「夢が見つからないんです」と言われることもありますし、実際にそういう人も多いでしょう。

それは順番が逆なんです。夢は見つけるものではなく、与えられるものなのです。

あなたが心の底から実現したい、魂の喜ぶライフスタイルを大切に育んでいけば、それに合う、仕事も出会いも夢もお金も与えられるのです。いまは信じられないかも

しれません。でも、もしかしたらそうかもな、くらいに思って、夢をがむしゃらに探すのではなく、自分の魂の叫びに目を向けてみてほしいのです。

あなたがどういったライフスタイルを描いても笑う人はいません。自由に描いてください。とりあえず仕事は脇に置いておいて、大丈夫。

どうありたいか、どういう人生が最高なのかを決めれば、全部、出会いも仕事もあとからついてきます！

それこそ、夢を叶える最終兵器《メソッド》です。

Commented by 菅野

ナンバーワン営業マンになり、自分が働く会社はすべて右肩上がり、理想の妻にも出会い、どうしたら柳田さんみたいになれるのですか？って、ここまで自慢のオンパレードできる人ってなかなかいないね。こんなぼーずと出会えてほんとツイてるな～（笑）。

ROAD FOR REST

04

大富豪・斎藤一人さんに出会う冒険

僕たち3人が『セカフザ』を出版後、全国でトークライブを行ってきたわけですが、熊本での主催者の松本さんという人が、斎藤一人さんのまるかんの代理店をやっていました。熊本のトークライブ終了後、懇親会のときに、一人さんがこんな話を最近していると聞きました。

「自分と会った人よりも、いまは会わなくとも成功している凄い若者たちがいるんだよ」

そして、松本さんがこんな発言をしたのです。

「一人さんはきっとセカフザ本を読んでいる気がするし、これは、菅野さん、柳田さん、ひすいさんの3人のことを言っているんだと思いますよ」

なんて言うもんだから、「マジで一人さんが僕らのことを褒めてる!?」という話で盛り上がりました。普通あり得ないのですが、そのときは3人ともちょっと天狗になっていたんでしょうね（笑）。本気で自分たちのことではないかと思い込み始めました。

とくに最近、天狗度が激しいぼーずは、「**絶対俺たちのことですよ！　一人さん、『セカフザ』読んでくれたんだ！**」と完全に天狗《テング》熱に浮かれてましたね（笑）。

「**だったらこれをきっかけに3人で本を出しましたって、僕らの憧れの斎藤一人さんに、本を進呈しに行こう！**」となったのです。

そもそも一人さんあってこそ、僕らは仲間になってこうしてやってこれたわけだから、ダメもとで一人さんに会いに行ってみようと。

ダメでもともと、失うものなど何もないんです。

仲間の絆を深めるのは冒険の旅です。こうして、僕らの一人さん詣《もう》での冒険が始まったのです。一人さんに会うのに、なぜ冒険なのか？

一人さんに会いたいといって、どこに連絡をしたらいいのかわからないし、アポさえも取れない。そもそも顔だってわからないのですから、一人さんに会うことそのものが冒険なのです。

まず最大の手掛かりは、東京の葛飾区新小岩に一人さんのファンが集まるお店があって、ほんとうに運がいいと一人さんがふらっと現れるという情報だけはありました。これしか情報がないのなら、とりあえず本を持って行ってみようということになって、３人で新小岩で待ち合わせました。

僕たち3人は、まず駅前の喫茶店で『セカフザ』の本にそれぞれのサインと一人さんへの感謝のメッセージを書きました。

そこでちょっとした事件が起こります。

なんと私の「感謝」の感の字が間違えていたのです。

ひすいさんに **「字が間違っているよ」** と指摘されましたが、ペンで書いてしまったため、さらに、僕らがこの日、持ってきた本はこれだけですから修正がききません。まぁ、それも世界で1冊しかないから **「一人さん、ツイてる！」** ということで、もうそのまま持って行くことにしました（笑）。

憧れの一人さんにプレゼントする本が誤字つきな

んて、おそらく前代未聞でしょうね。しかも、僕のログセである「感謝しています」の「感」という字が書けなかったわけですから（笑）。

ひとまず無事（？）メッセージを書き終えて、お店に向かいました。店に着くと、受付で僕たちが一人さんの大ファンであること、一人さんのおかげで本を出すことができたので、本にメッセージを書いて持ってきたこと、この本を一人さんに渡してほしいことをスタッフにお願いしました。

もちろん、一人さんはいません。

本を渡したスタッフさんは「じゃあ、事務所に届けておきます」と言って、お店から出て行かれました。これでひとまず任務は完了です。

一人さんがいるとは思っていなかったものの、でも、出会えなかった事実に無念さがあったのは事実です。

とりあえず奥に通されると、何やらＤＶＤが流れていました。すると、なんと一人さんの講演映像が流れているではないですか。スタッフの方に聞くと、このＤＶＤを流すのも月に１、２回で、一人さんの許可があるときしか流せないことになっていると。なぜなら、一人さんは顔出しＮＧの方ですから、一般の人には、とにかく謎に満ちた方なのです。

「やっぱり、ツイてるね。今回はＤＶＤだったけど次回は絶対に会えるね」

と意気揚々で、ＤＶＤで初めて目にする、ダンディーな一人さんの講演ＤＶＤをみんな盛り上がって見ていました。

すると、お店の電話が鳴って

「ひすいこたろうさんは、いらっしゃいますか？」

と尋ねられました。

「？？？？」

ひすいさんもわけがわからず電話に出ると、その声の主は、あのみっちゃん先生だったのです。みっちゃん先生と言えば、一人さんのお弟子さんで、『斎藤一人　神

的な生き方』（ＰＨＰ研究所）など多数、本を出版している、一人さんファンなら知らない人はいない方です。


なぜ、みっちゃん先生から電話があったのか？

それはやっぱり『セカフザ』でした。先ほどのスタッフの方が事務所に本を持って行ったら、たまたま事務所にいたみっちゃん先生がそれを見てくれたらしいのです。

すると、本の著者の１人にひすいさんの名前がある。実は、みっちゃん先生は、ちょうどその前日に、ひすいさんの『ものの見方検定』（祥伝社）という本を斎藤一人さんにすすめられていたらしく、そのひすいさんがお店に来ているということで、「これも何かのご縁だから」ということで、みっちゃん先生がお店に来るというのです！


斎藤一人さんに出会う冒険に出た３人。

なんとみっちゃん先生に会えることになったのです。行ってみるものです。みっちゃん先生がお店に来るということで、私たち３人はハイタッチで大喜び。とにかくみっちゃん先生も一人さんファンの間では超有名人。私たちは「ツイている！」と浮かれて彼女の到着を待ちました。

冒険はこれだから面白い。仲間で冒険をすれば、必ず何かが起こる。
「ツイてる！」はこれだからやめられない。

ついに、みっちゃん先生のご登場！

彼女はとても華やかで、さすがみっちゃん先生という感じです。
見るとみっちゃん先生、お連れの方がいました。
豪華な毛皮を背負ったダンディーなおじさまです。

「あれ？　あれ？　あれれれ!?　いま目の前で見てるＤＶＤに、出・て・た・ひ・と・が・い・る……？」

「一人さんじゃないのー！」

さすがにこのときは「ツイてる！」という言葉を失うほど興奮してしまい、一人さんに初めてお会いしたにもかかわらず、私たちは一人さんとハイタッチを交わしていたのでした。

興奮も冷めやらぬまま、一人さん、みっちゃん先生、私たち3人は丸テーブルを囲んで話をすることになりました。僕は一人さんの目の前の特等席で、1本100円でと言われたビールを片手に、なんと一人さん特製だしの鍋をつつくという夢のような時間まで過ごさせていただいたのです（お店を閉めてからです）。

一人さんは「**何でも好きなこと聞きな**」と言ってくれて、私たちはいろいろな話をしました。僕たちは、一人さんのおかげで『セカフザ』の本を出すことができて、一人さんのおかげで夢も叶ったことなどを話しました。

そして、ぼーずがあの話を切り出しました。

「**一人さん、あの……一人さん、僕たちの**

本、読んでくれたんでしょうか？」

ぼーずは緊張しながらも、けっこうドヤ顔で聞きましたが、一人さんの答えは……。

「ごめんな、まだ読んでないんだよ。でも君たちいい顔つきしてるし、きっといい本なんだろうな、今度読んどくね」

ぼーずは面白いくらい撃沈していました（笑）。
でも、僕らのその勘違いから、こうしていま一人さんに会えたのです。
そんなか、一人さんが「君たちは何が好きなんだ？」と聞いてくれました。
ぼーず「サーフィンが好きです」
ひすい「本を書くのが好きです」
で、僕の番がきたときは、こう言いました。

ROAD FOR REST 04
大富豪・斎藤一人さんに出会う冒険
by 菅野一勢

「はい、僕は女性が大好きです」

そうしたら一人さんがおもむろに立ち上がって、

「君は俺と一緒だね」と（笑）。

もううれしくて、うれしくて、その後、僕は酒も入ったこともあり、「斎藤二人」を名乗っていました（笑）。

僕が「自分が持って生まれた能力のなかで、これだけは捨てたくないというものは何でしょうか？」とお聞きしたら、

「他力だね。他力が僕にとっては一番の武器だ」

実は僕、以前に『「他力本願」でお金持ちになる人「自力本願」で貧乏になる人』（ＫＫロングセラーズ）という本を出してまして、一人さんと同じなんだと思うと、これまたうれしくて、うれしくて。

さらに「一人さんのウィークポイントって何ですか？」とお聞きすると、

「俺ね、いくら勉強しても漢字だけは書けないんだよな」ときました。

「キター！　僕もさっき、感謝っていう字が書けなかったところです！」と（笑）。

まさか、感謝という字が書けなかったことを一人さんに自慢する日が来るとは思いませんでした（笑）。女性好き、他力本願、漢字が書けない。なんと3つもの共通点が一人さんとリンクしたのです。これはもう、僕は「斎藤二人」を名乗るしかありま

せん（笑）。

とにかく、一人さんはすごいカッコいいし、さらに面白い。

一人さんは２００億円近く納税していて、過去10年間、高額納税者ベストテンに入っていて、個人の納税者では日本一の人です。だから、みんなにすごい人と言われるのですが、そのことについてどう思っているのかもお聞きしました。

すると一人さん、第一声にこう言ったんです。

「俺はね、みんなが、すごい人、すごい人っていうけど違うんだ」

こんなに成功してるのに一人さんは、謙虚な人なんだと感動していたら、

「俺はね、すごい人じゃなくて、ものすごい人なの」

もう、全員大爆笑です。しかもそのあとにこんな話をしてくれたのです。

「ものすごい人たちの周りに集まるのはすごい人たちなんだ。だから、今日来ているみんなはすごいんだよ。たしかにここのお店に入るのは勇気がいる。せっかく遠くから来ても開けずに帰る人もいっぱいいる。でも、勇気を持って入ってここにいるから、いまがあるんだよ。ものすごい一人さんと出会えている時点で君たちはすごいんだよ」

周りで聞いてた一人さんファンも、それ聞いてすげぇー喜んでいました。俺たちってすごいんだ！って。一人さんはそうやって笑いを取りながらも、人を一瞬で喜ばしてしまうのです。ほんと素敵すぎです。

僕はそんな一人さんに、私がお金で騙された経験を踏まえてこんな質問をしました。

「一人さんほどお金を持っていると、投資してくれませんか？　という話がいっぱいきませんか？」

「たくさんくるけどね、俺はこういうんだ

よ。そういうときは、俺のところにきたお金はみんな疲れているから休ませてあげたいんだよな」

一人さん的に、営業マンへの、体のいい断り文句なんだなと私は何となく察しました。すると、後ろに座っていた観客の1人の女性が、「なんで一人さんのところにきたお金が疲れているんですか？」とまったく察していない。

「いや違うんだよ。俺が投資に興味がないからと断ったら、勧誘に来た人が傷ついちゃうだろう。だから俺のところにくるお金は疲れてるって、やんわり言ってるんだよな」

もう言うことが、いちいち優しくて、カッコいいのです。

さて、その後も引き続き、僕たちは鍋を囲んで4時間くらいずっと話をさせてもらいました。閉店時間を過ぎても最後までお付き合いしてくれて感謝感激。

しかも一人さん、いちいちカッコいい。帰るときも、「おっとこんな時間だ。今日は楽しすぎて時間忘れちゃったなぁ」と言って、さりげなく終わりをうながすのです。

そう言えば、忘れていました、ひすいさん。

一人さんといろいろな話をしているなか、ずっとおとなしい。そのひすいさんが、一人さんが帰りをうながしているさなか、突然話を切り出しました。

「ビ。ビ、ビール、い、い、いいですか？」

ひすいさん、空気をまったく読めていない。一人さんのそろそろ帰るぞオーラが出ているのに、もう1本ビールって……。私とぼーずはすでに酔っぱらっていたんですがね（笑）。

でも、一人さんも優しいもんだから「あぁ、いいよ、好きなだけ飲みな」と。

ひすいさん、憧れの斎藤一人さんと会って、緊張しまくっていたみたいで、お開き間際にようやく調子を出してきて、相変わらず超スロースターター。赤面症のあがり

症は相変わらずなおっていないようです。

あとで聞いたら、「**緊張して吐きそうだった**」と言ってました（笑）。

こうして、僕たちは、奇跡とも言える、一人さんにお会いすることができたのです。

僕たちは、このあと、12年間憧れ続けた一人さんと会えたことがうれしすぎて、感動のあまり、終電を忘れて新小岩の居酒屋で朝方までお祝いして飲み続けました。

知り合ってからというもの、ひすいさんが終電を逃してタクシーで帰るのって初めてのことです（笑）。かなりうれしかったんだと思います。

でも、やっぱり、人生ノーアタック、ノーチャンスですね。

行動さえ起こせば、まれに奇跡も起きるんです！

一人さんに会えて、ツイてる！ **ツイてる!! ツイてる!!!**

Commented by 柳田

一人さんに会った次の日、また、すごい奇跡が起きました。

翌日、フォレスト出版に一人さんの会社から電話があって、セカフザに数千冊の発注をいただいたのです。一人さんはあの日のあと、すぐに僕らの本を読んでくれて、まるかんの代理店の人たちに読ませたいと大量の発注をしてくれたのです。しかもその後、二度にわたり！

おかげさまでその後、アマゾンではすぐに品切れになり、セカフザは増刷を重ねることになって、フォレスト出版でその年、もっとも売れた本にまでなったのです。

一人さん、カッコよすぎです！

Commented by ひすい

僕は一人さんの本をうちのかあちゃんにもオススメしたくて、新潟の実家にたくさん送ったことがあるんです。するとすぐに、かあちゃんから電話がありました。「本感動した。素晴らしいね。斎藤みどりさん」。かあちゃん、「みどり」じゃなくて「ひとり」さんだからね。

ROAD FOR REST

05

あの世に聞いた、世界一怪しい夢の叶え方!?

「なんで、僕らは1年で夢があっさり叶ってしまったんだろう?」

ここまで書いてきましたが、正直なところ、僕らもよくわかってないところもあるんです。ですが、以前、『あの世に聞いた、この世の仕組み』(サンマーク出版)でベストセラーの雲黒斎《うんこくさい》さんとコラボ講演をさせてもらったときに、こういうことだったのではないかと個人的には腑に落ちたことがあるんですね。

雲黒斎さんは、口にするのもはばかられるほど、名前は怪しいのですが、実際は、5月の風のように爽《さわ》やかな人です。このたとえ、どうかなと思いましたが、まあ、スルーしてください(笑)。

雲黒斎さんは、ひょんなことから覚醒体験なるものをし、それをブログに発表したら大反響、『あの世に聞いた、この世の仕組み』という本はベストセラーになりました。

雲黒斎さんはいったい何を覚醒したのかというと、どうやら、僕らのいのちは1つしかないということに気づかれたようなんです。

図にすると、こうです（次ページ）。

図の「存在」と書かれた一番大きな○は風船だと考えてみてください。大道芸人が風船をねじることで動物などをつくったりしてますよね。あれだと思ってください。ねじれがあり、「わたし」と「あなた」が分離されていますが、風船のなかの空気は同じものですよね。

その空気を「存在（いのち）」ととらえると、空気（存在）は世界に1つしかないことがわかります。

「わたし」と「あなた」の根っこに、恐れや不安や執着としてのねじれが生じて分離しているので、私がいて、あなたがいるというふうに思えているだけで、「存在」は、ほんとうは1つなのだと。

あの葉っぱと、この葉っぱ、別の葉に見えても、同じ1本の木というのと同じです。親指と小指、どう見ても別キャラに見えますが、同じ1つの手と同じ関係です。

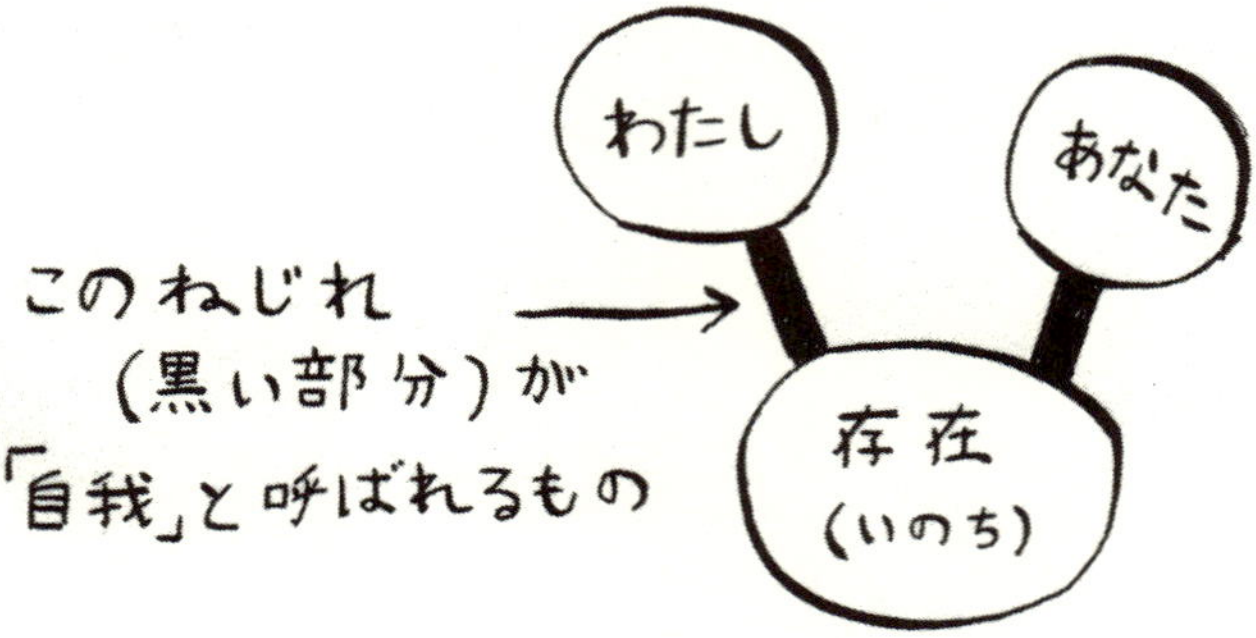

こんな例も挙げましょう。

幕末から明治期にかけて活躍された資本主義の父と呼ばれる渋沢栄一さんが、貧しい人や、浮浪少年などの世話をする施設である「養育院」をつくったことがあるんです。

そこに収容される人物たちを長年観察していると渋沢さんは一貫した特徴があることに気づいたといいます。彼らの共通する特徴は、

「常に自分の都合だけを考えている」ということでした。

普通、自分だけよければいいと思っていたら、自分のことくらいは真っ先に良くなりそうですよね。でも、自分だけよければいいと思っていると、自分すらよくならなかったんです。自分ひとりすら養っていけなくなっていたわけですから。

ここで、渋沢栄一は気づいたのです。自分が存在する意義というのは、自分のためだけにあるのではなく、社会のため、他人のためにあると。それで、『論語と算盤《そろばん》』(国書刊行会)という本を書き、500以上の企業の設立に関わり、600以上もの社会事業に携りました。

うまくいかないのは、「わたしが、わたしが」という余分な「が」(我)を握りしめていたからだったんです。

パイプのつまりの原因である「我」を手放したら、「存在」とパイプがダイレクトにつながります。「存在」は、すべてとつながっているので、ここはシンクロニシティが当たり前のように起きるわけです。

沖縄に越智《おち》啓子先生という有名な精神科医がいらっしゃって、本も多数出ているのですが、僕の知り合いの編集者さんは越智先生の話をしていると、たいてい、越智先

生から電話がかかってくると言っていました。つながっているから、パイプの詰まりが少ない人はそういうシンクロニシティが日常茶飯事に起きるのです。

「あなたにはわかっているだろうか。あなたと私が同じ空気を共有していることを。そして、それによって本当はお互いが1つであることを」

これは、ネイティブアメリカンの言葉ですが、まさにこのことを言っています（『アメリカインディアン聖なる言葉』〈ロバート・ブラックウルフ・ジョーンズ／ジーナ・ジョーンズ著、加藤諦三訳、だいわ文庫より）。

僕らは、
「Alone」（ひとりぼっち）じゃなく、
「Allone」（すべてひとつ）だったんです。

だから、他人にしてあげることは、自分にしてることとイコールなのです。

投げかけたものが受け取るものなのです。

だとするならば、僕らのバカみたいな夢が１年で叶ってしまった理由もうなずけます。セカフザの４人組、僕らは、以下のような関係にあったわけです（次ページ図）。

☆を僕の夢だとすると、４人が僕の夢を共有したわけですから、☆（僕の夢）が「存在」のところに降りる可能性が４倍に広がったわけです。「存在」のところまで降りると、すべてとつながっているので、ありとあらゆるシンクロニシティが起きます。

それで、夢がかたちになる確率がグンと増したのではないかと。

実際、僕にもたくさんのシンクロが起きました。たとえば、ある日、近所の小さな書店に、大きな目立つコーナーが突然できていたので、そのコーナーの一番いいところにあった本を手に取ってみたのです。

するとどこをめくっても白紙の本でした。何でこんな大きなコーナーの一番いいところに白紙の本が置いてあるんだろうと、首をかしげながら背表紙を見ると価格が1000円もするじゃないですか！

何も書いてない白紙の本を誰が1000円で買うんだろうと思った3秒後、僕はその本を持ってレジに並んでいました。表紙を見たら、「ここにあなたの思いを書いて送ってください。賞を獲れたら作家デビューできます」と書いてあったからです。
それで送ってデビューの道が開けたのが『3秒でハッピーになる　名言セラピー』なんです。

本を出したいけど、どうしたら作家になれるのかわからない時期に、偶然、僕の近所の小さな書店の、一番いいところに、作家になれる本が向こうからきてくれたんです。また、送った原稿が、受賞したと知らせがきたのが6月6日。僕の結婚記念日です。こんなところにもシンクロのサインがありました。

そのデビュー作の締め切り間近の日も忘れられません。たまたま、ぼーずクンと夜、食事をしていました。その日は、ぼーずクンは早々に酔っぱらって、いきなり、しみじみこう言ったんです。

「今日っていう日はさ、昨日亡くなった人が、なんとしてでも生きたかった、1日な

んだよな」

えええええええええええええええ！！！！！！

いま、めっちゃいいこと言わなかった？

で、聞き返してあわててメモって、僕のデビュー作の最後の言葉にさせてもらったんです。翌日、電話して聞いてみました。

「あの言葉、感動したんだけど、誰かの名言？」って。

ぼーずの返答はこうでした。

「えっ!? オレが言ったの？」

酔っぱらって覚えてなかったんです（笑）。

調べたら、韓国の『カシコギ』（趙昌仁著、金淳鎬訳、サンマーク出版）という小説の一節、「あなたが空しく生きた今日は 昨日死んでいった者があれほど生きたいと願った明日」という言葉を、彼は、うる覚えで酔っぱらって言ったセリフだったんですね。その言葉を引用させていただき、おかげで、最高の本になったわけですが、僕らはつながっているから、締め切り直前に、いい言葉がぼーずクンのところに降りてきたわけです。

僕ら4人は、ワクワクして夢を語り合って、しかも、俺が俺がじゃなくて、お互いの夢を応援し合いながらやっていましたから、自我というパイプの詰まりがみんなゆるんでいたんです。だから、続々とお互いの夢（☆）が「存在」の領域に降りていったように思うのです。

しかもです。実は、「存在」とのつながりを内側から鍵をしめて閉ざしている犯人は自分なんです。

こんなダメな自分を見せてはいけないと、がんばって自分で内側から鍵をかけているんです。

そこをゆるませてくれたのが、仲間の存在でした。仲間と本音で語り合い、本心を自己開示し合う定例会を通して、僕らは内側の鍵を開けて、自分に素直に生きることができるようになっていったのです。

僕らは仲間との語らいのなかで、本んとうの音、「本音」を取り戻していったのです。

僕らの無謀《むぼう》な夢が1年で叶っていったプロセスには、こういう背景もあったんじゃないかと思った次第です。

自分のダメさ具合は、自分が一番よく知っているよね。
いかに自分がダメかは世界で一番、自分がよーくわかってる。
でも、そんな自分をゆるしてあげられたら、
どうなると思う？
あなたは世界で一番優しい人になれる。
自分をゆるしたら世界は一瞬で光を取り戻す。
だって君こそ君の世界そのものだから。
内側から、がっちりかけたその鍵をそろそろ開けるときなんだよ。
だから君は、この本を手に取ったんだ。

自分の本心に素直に生きるときがきたんだよ。
やっときたよ。やっときた。
おめでとう。

世界はあなたを待っていたよ。
あなたの本心をこの世界にひびかせるんだ。
遠慮はいらない。
妥協もいらない。
あなたの歌を歌えばいいんだ。

終　幕

3人からのラストメッセージ

あなたのほんとうの冒険はこれから始まる。

ROAD 22

ツイてる！ツイてる!! ツイてる!!!

MOVE IT!
HOW TO CATCH OUR DREAMS MOST JOKINGLY IN THE WORLD

何か久しぶりにスイッチが入って、毎日、次の仕事のことと英語の勉強をしまくっています。こんなに何かを本気で勉強するのは、いつ以来だろう。

結果、どうなろうと、

「あー、これは俺に向いてたんだ」

「あー、これは俺に向かなかったんだ」

なんて、全部自分をゆるしちゃうんだけどね（笑）。

やっぱり、一番いけないのは自己嫌悪になることだよね。昨晩も飲みすぎて、いつもどおり二日酔いで、今日、ほとんど機能してなかったけど、**自分をゆるす技術がすごいもんだから俺。**

だから何？
二日酔いで何か？
とか、すぐ開き直っちゃう（笑）。

人生において、自分をゆるせるこころを持つのが一番重要。

だからこそ、何にでもチャレンジできるんだよね。

すべてはチャレンジして、行動したあとに考えればいいよ。

失敗したって、いい経験しちゃったな。
チャレンジしたこと自体がプラスなんだもん。
やっぱり人間なんだから、向き不向きあるよね。
でもそれはチャレンジしてみるまでわからない。

ROAD 22
ツイてる！ ツイてる!! ツイてる!!!

by 菅野一勢

もしかしたら、それが才能あるかもしれないし、才能なく撃沈するかもしれない。

でも、やらずに後悔するより、
やってスッキリしたほうがいい。

やるだけやってみようよ。

失敗を恐れて冒険しない人生なんかつまらないよ。

人生ノーアタック、ノーチャンスだぜ。

俺は初めての事業の成功確率が10分の1ということをよくわかってる。

それと同じで、新しいことも、夢でもなんでも10個チャレンジすれば、何か1つは当たるとわかってるんだ。

ダメだったら、自分に向いてなかったんだよ。

それがわかる、いい経験しちゃったなって、笑って自分をゆるせばいい。

でもって、次、次、次！

そんなふうにチャレンジしまくれば必ずなんかヒットするよ。

だから、やりたいことを躊躇《ちゅうちょ》なく今年もチャレンジしていくよ。

ビジネスと同じで身の丈にあったことやっていれば致命傷を負うことはないので、何度でもチャレンジできるからね。


そう言えば、こないだ学生時代の友達に言われたんだよね。

なんであのバカ菅野がうまくいったのか？

それをみんなで飲んでいる席で分析したんだって。

言われたのが、「菅野、昔から飽きっぽいから、何も続かず、バカだったから、何も考えずに新しいことばかりしてたもんな」って（笑）。

つまり、誰よりもバカなんだよ、俺。

そんなバカでもチャレンジしまくってたら、たまたまホームランが打てちゃったってこと。飽きっぽいのは、欠点じゃなくて長所なんだね。

ROAD 22
ツイてる！　ツイてる!!　ツイてる!!!

by 菅野一勢

失敗したって、いまに戻るだけ、何も怖いことなんてない。
むしろその経験がプラスになるよね。

というわけで、菅野一勢は今日も、失敗を恐れずチャレンジという名の冒険しまくります。あなたにとっても最高にツキまくりな1日になるように！
気楽にチャレンジしまくって、人生冒険していきましょうよ。

ツイてる！
ツイてる!!
ツイてる!!!

ROAD 23

それでも夢が見つからない人へ

MOVE IT!
HOW TO CATCH OUR DREAMS MOST JOKINGLY IN THE WORLD

「夢が見つからないんです」

「セカフザって夢がある人はいいですけど、夢がない人はどうすればいいですか？」

『セカフザ』を出してから、よく聞かれた質問です。それに対する僕の答えは、ベタですが……、

仲間の応援から始めましょう！

ということです。

夢は1人でも叶えられるけど、仲間となら、世界最速で叶うのです。それがセカフザです。そして、矢印が自分に向いている人は多いけど、相手に向いている人はめちゃくちゃ少ないのです。

ROAD 23
それでも夢が見つからない人へ
by 柳田厚志

つまり、誰もが「俺の夢、聞いて！　応援して！」と言ってるのに、応援してあげる人はめちゃくちゃ少ないのです。菅野さんがよく言うように、商売でも何でも世の中は需要と供給です。そして夢を応援する人って、**圧倒的に供給不足なんです!!**

実は僕のプロデュースという仕事は、誰かを応援して、花を咲かせる仕事です。なぜ僕がプロデューサーとして成功できたかというと、そして、なぜ僕が天才プロデューサーと呼ばれるかというと（笑）、花を咲かせてほしいという需要が圧倒的にあるのに対し、花を咲かせる土になる人が圧倒的に少ないからです。

だから夢なんか見つけなくていい。

仲間の夢を応援できる人になっていたら、自然とそのときは、あなたの夢（ライフスタイル）も見つかっているはずです。いえ、正確には与えられているはずです。夢に呼ばれているはずです。

夢に向かう人じゃなくて、夢に呼ばれる人になろうよ。

仕事や天職と同じで、本当の夢も、呼ばれるものだと思うんです。どんなときに呼ばれるかというと、人の応援を一生懸命やっているときでしょう。

「ムーブメントの起こし方」って知っていますか？

これはＴＥＤという世界的カンファレンスの動画を見てほしいのですが、これが非常に面白いのです。

どういうものかというと、ある人が公園でいきなり裸で踊り始めます。周りで見ていた人は、最初は笑っています。でもある瞬間、勇気ある２人目の人が、一緒に踊り始めます。すると……３人目、４人目とポツポツ踊る人が増えてきます。そうすると、そのムーブメントに乗って、周りにいた人みんなが踊り始めるという映像です。

（https://www.ted.com/talks/derek_sivers_how_to_start_a_movement?language=ja）

ムーブメントが起こるためには、当然、１人目の先駆者は絶対に必要です。でも、

本当に鍵を握るのは、２人目の存在なのです。２人目がムーブメントに火をつけるのです。つまり、それは、応援する人なのです。応援できる人なのです。

花を咲かせる土の人なのです。

セカフザだって、まず菅野さんが夢を叶えたのです。ひすいさんと僕は応援しました。そして菅野さんの勢いに乗って次は、ひすいさんが夢を叶えました。菅野さんと僕は応援しました。そしてその勢いに乗って僕も髪が伸びてオシャレなソフトモヒカンになりました（笑）。

いえいえ、最後は僕の夢も叶っていきました。仲間の応援をすることは、自分の夢にもつながっているのです。僕ら３人の書籍も、３人で役割分担して書いています。「本の共著は売れない、ましてや3人なんて絶対ムリ」と言われたけど、気がつけばロングセラーになりました。

それは応援してくれた、あなたの存在が

あったからです。

２人目の応援者として『セカフザ』を購入してくれた読者のあなたがいたからです。それはまったくの広告費ゼロから、ついには斎藤一人さんにまでつながり、息の長いロングセラーになり、２０１４年にフォレスト出版で一番売れた本になりました。いまや全国、いえ全世界で、『セカフザ』の輪が広がっています。ムーブメントになっています。

人生はプロセスです。

夢はいますぐ決めなくていい。それよりもライフスタイルを描こうと提案してきました。

なぜなら、そこには日常の幸せがあり、そしてゴールに向かう日々のプロセスこそが、ライフスタイルだと思うからです。

人生は、プロセスを楽しめなければ、夢だけを叶えても意味がないと思っています。

ROAD 23
それでも夢が見つからない人へ

by 柳田厚志

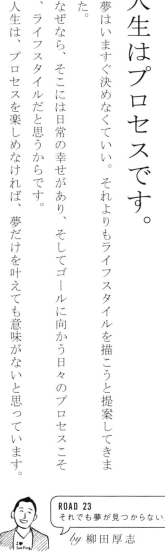

何でも願った瞬間に一瞬で叶ったら面白くないでしょう？　あえて、プロセスを楽しむために、僕らは毎日、さまざまなことを経験しながら、成長していくのだと思います。

人に言えるようなカッコいい夢なんかなくてもいい。でも、あなたが、セカフザをきっかけにして、僕らの生き方も参考にして、仲間と応援し合いながら、日々のプロセスを楽しんでくれたならうれしいです。

最後に言わせてください。

『セカフザ』がロングセラーになって、全国でトークライブができたのも、あなたの応援のおかげです。

今回の『実践！　世界一ふざけた夢の叶え方』も応援よろしくお願いします！（笑）

大丈夫ー。俺たちならできる！

ROAD

24

僕らに奇跡が起きた２つの理由

MOVE IT!
HOW TO CATCH OUR
DREAMS MOST JOKINGLY
IN THE WORLD

先日、「世界一ふざけた夢の叶え方」の合宿を伊豆でやりました。そのときに、僕らの無謀な夢がなんで奇跡的に１年で叶ったのか、あらためて３人で考え直してみたのです。すると、僕らに２つ、決定的とも思える共通点を新たに見つけたのです。

２００４年、出会った当時。

僕は根暗な会社員。

菅野さんはチャラいプータロー。

ぼーずクンは中途採用の年収３００万円のサラリーマン。

どう考えても、３人とも最初から天才だったようには思えないんです。特別な才能があったようには思えないんです。

しかし、あったんです。

ROAD 24
僕らに奇跡が起きた２つの理由
by ひすいこたろう

のです。

僕らには、ものすごい才能が2つ！

前回の本では、気づけなかった僕ら3人には決定的な共通点があることに気づいたのです。

その話をする前に僕の大学時代の話をさせてもらいますね。

大学時代にテレビを見ていたら、当時、ベストセラーを連発していたアメリカの経済学者であるラビ・バトラ博士が出演していました。

「彼は1980年代初期に、低インフレ、石油価格低下、合併の波を予言し、長年嘲《あざけ》られていたが、結局、ほとんどその通りになった」（『ニューヨーク・タイムズ』トーマス・C・ヘイズ）

このようにラビ・バトラ博士は予言者としても話題になっていたんですが、そんなラビ・バトラが来日して、テレビでこう予言されたんです。

「救世主は日本から出てくる。新体道とい

う武道を習っているものから出てくる」

僕ね、このテレビを見た翌日、新体道に入門しに行ったんです。

「俺、救世主だから行かなきゃな」って。

思いっきりバカでしょ？（笑）

このときの僕って、地元の新潟大学の受験に落ちて、仕方なく東京に出てきて、お金もないから家賃１万９０００円のお風呂なしの４畳半に住んでいて、赤面症で人見知りな根暗な性格で、彼女もできないし、友達もできないし、それどころか、人と目と目を合わせて、うまく話せないようなときなんですよ。

そんなダメダメな僕が、「俺、救世主だから行かなきゃな」っておかしいでしょ？

家賃１万９０００円の救世主ってあり得ないでしょ？

彼女もできない救世主ってあり得ないんです（笑）。

でも、僕は「あっ、俺だな」って思って翌日、その武道に入門したんです。

僕は、なんの才能も実績もないときから、根拠なしに自分の可能性をどこかで信じていたってことなんです。

中学のときに図書館で初めて借りた本のタイトルをいまだに覚えていますが、それは『君の可能性』（斎藤喜博著、筑摩書房）という本なんです。やっぱり、僕は、こころの深いところで自分の可能性を信じていたんです。

ここが重要だと思うんですね。

菅野さんにもぼーずクンにも聞いたら、やっぱり、自分の可能性はすごいと、昔からなんの疑いもなく勘違いしていたことが発覚しました（笑）。

菅野さんなんか、飛行機が落ちても俺だけ

は絶対に助かるという確信があるそう。

実は、僕もぼーずクンもその確信があります（笑）。

3人とも、何の結果を残していなくても、自分の可能性を、どこかで信じていたことが決定的に共通していたんです。

自分の可能性を信じるのに根拠はいらないんです。

才能もいらないんです。

実績もいらないんです。

根拠ゼロでオッケーなんです。

「夢」が「分子」だとするなら　夢を叶えるのに大事なのは「分母」なんです。

分母とは、自分が自分を信頼しているか、

自分が自分をどう思っているか、なんです。

夢が「種」だとしたら、自分が「土」なんです（次ページ）。種が芽吹くには、土が重要です。自分の人生を信頼しているかどうかが決定的に大事だとあらためて気づいたんですね。

ではここからは、あなたの好きな、静かめな曲をかけながら、両手を胸に当てて読んでください。

あなただって、うっすら思ってるはずなんです。

こころの深い部分で、大丈夫だって。

たとえあなたが、いま、どんな苦しい状況にあるとしても、それでも根拠なく大丈夫だって、思えてる自分がかすかにいるはずなんです。

そのかすかな自分を感じてみてください。 そのかすかな自分にゆだねるんです。

いるでしょ？

うっすら、大丈夫だってこころの奥で思ってる自分がいるでしょ？

いるんですよ。

自信のない自分の背後に、もうダメだと思ってる自分の背後に、それでも、「大丈夫だぜ」「自分はできる」って思っている自分がかすかにいるんですよ。

その自分に身を任せればいいんです。

その自分とつながって生きればいいんです。

その自分を味方につけるんです。

そいつこそ無敵な自分です。

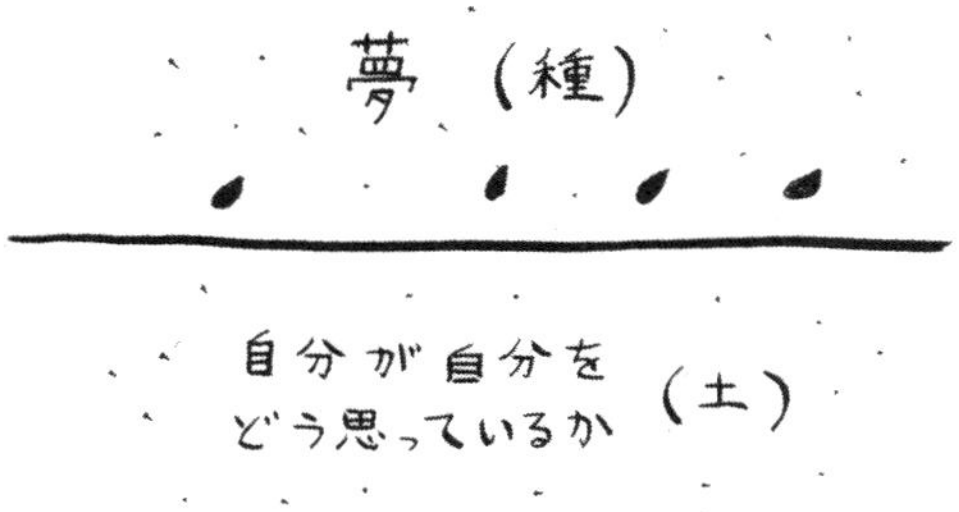

友人の4歳の娘さんのハナちゃんは、「パパ、この宇宙で一番大きなものは何だと思う？」とクイズを出してきたそうです。場所が動物園だったので、パパは、「ゾウさんかな？」というと、ハナちゃんは「違うよ」と。

「じゃあ、キリンさんかな？」と言うと、「それも違うよ」と。答えはこうでした。

「パパ、宇宙で一番大きなものは未来だよ」


未来とは「君の可能性」のことです。

この宇宙で一番大きなものは、君の可能性です。

君の無限の可能性に乾杯、これまではいい。大切なのは、これからです。


もう1つの共通点も明らかにしましょう。

『世界一ふざけた夢の叶え方』を出版したときに、人気作家の森沢明夫さんが読んでくれて、すぐに電話をくれました。森沢さんは電話でこう聞いてきました。

「ひすいさんは、菅野さん、ぼーずクンに会わなくても夢は叶っていたと思う？」

僕は即答しました。


「はい。叶っていたと思います」（笑）。


でも、このあとに、こう続けました。

「僕だけじゃなくて、菅野さんもぼーずクンも、僕らに会わなくてもみんな夢は叶っていたと思います」って。

当時、僕らはほんとに冴えない男たちでした。でも、もう1つ共通していたことがあるんです。それは、皆、斎藤一人さんの本を読んでいて「ツイてる」をちゃんと口グセにしていたこと。

いい言葉が、いい人生をつくる。僕らは、それを本で読んだだけじゃなくて、

ちゃんと実践していたんです。

僕ら3人は、当時はまだ何も結果は出ていなかったけど、いいと思ったことをちゃんと実践して行動していたところが共通していたのです。

だから森沢さんから電話をいただいたときに、「僕だけじゃなくて、菅野さんもぼーずクンも、僕らに会わなくてもみんな夢は叶っていたと思います」と言えたんです。

だって行動すれば結果はいつか出るから！

ただ、僕は最後に、森沢さんにこうつけ加えました。

「この3人に会わなくてもみんな夢は叶っ

ていたと思います。ただ、この仲間で夢を応援し合えたので10年かかる夢が1年でいけたんだと思います」

いいと思ったことはちゃんとやる。

やった瞬間に、行動した瞬間に、実は古い自分と「お分かれ」できるんです。

それが「知っている」ことと、「分かる」ことの大きな違いです。

「分かる」とは過去の自分と分かれるから分かるなのです。

行動した瞬間に「知る」から「分かる」に変わります。行動した瞬間に、過去の自分と分かれて新しい自分になるからです。


みんなね、やればいいことはうすうす知っているんです。

あとはそれを1つひとつやればいいだけです。

さあ、うすうすこれをやればいいと気づいていたことをここに書き出してみよう。

そしてその横にいつまでにそれをやるか日にちを書き出そう。

そこがスタートです。

何か1つでもいい。日常生活の何かを変えてみるんです。
「人生」を変えるとは、「日常生活」を変えることを言いますから。

やればやるほど古い自分にさようなら、新しい自分にこんにちは。
その新しい自分こそ、この宇宙で一番大きなものです。
その自分に会いにいこう。
仲間と一緒にね。

100億円あっても、おいしいものがあっても、立派な家があっても、
世界が自分ひとりだったら、そこは地獄なんです。
分かち合う人がいるところを天国と言うんだ。

じゃあ、いまからいっちょ、仲間と一緒に夢を叶える遊びを始めようか。

僕らは知ってるよ。
君ならできるって。

「お前ならできる！」

ひすいこたろう　菅野一勢　柳田厚志

ひすいより

次はここでお会いしましょう。

あなたのメールアドレスを登録すると、無料で名言セラピーが配信されます。

ひすいこたろう「3秒でHappy? 名言セラピー」
http://www.mag2.com/m/0000145862.html
（「まぐまぐ」「名言セラピー」で検索）

トークライブで全国を回っていますから、その日程の案内もメルマガで届きます。

次は、トークライブで会いたいですね。僕の赤面症ぶりを見にきてください（笑）。

あとは、僕の本は40冊あるんだけど、どれでもいいから1冊読んでみてほしいな。あなたの、ものの見方に革命を起こすことが僕の一番やりたいことだから。入門書として挙げるなら、『ものの見方検定』『あなたの人生がつまらないと思うんなら、それはあなた自身がつまらなくしているんだぜ。』『あした死ぬかもよ?』、この3冊かな。

本の感想やファンメールも寝ずにお待ちしています（笑）。

ひすいこたろう
hisuikotaro@hotmail.co.jp
ひすいこたろうブログ
http://ameblo.jp/hisuikotarou/

菅野より

こんなところまで目をとおしてもらって感謝です。せっかくのご縁だからフェイスブックでつながっておきたいね！

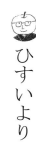

あなたからの友達申請、「３人の本読んだ！　最高でした！」といったメッセージ待ってます。

https://www.facebook.com/issei.sugano

また、前著『セカフザ』でもプレゼントした、ぼーずとともに始めたTERAKOYAで開催した僕のセミナー音声ファイルも引き続きダウンロードできます。

http://trky.jp/voice/sugano

ぼーずより

最後までお読みいただきありがとうございました！

「お前ならできる！」は世界最速で夢を叶える魔法のことばであり、応援し合える仲間に出会う魔法のことばです。ぜひ口グセにして、あなたの仲間と最速で夢を叶えてください。僕は、ライフスタイルを大切にしたいあなたと、今後もつながっていきたいと思います。

「魂に心地よい生き方は譲れない」という方は、ぜひ、僕のホームページを覗いてくださいね。

ライフスタイルを大切にするコミュニティーをつくっていきたいと思います。一緒にサーフィンしたり、トライアスロンして笑いながら、片手間に世界を変える仲間とつながりたいです。今回のイラストはまだわかりませんが、あなたが本書で想像するより、実物はもっとカッコいいですから！（笑）

柳田厚志ＨＰ

http://yanagida-atsushi.com/

SPECIAL THANKS !!

『実践! 世界一ふざけた夢の叶え方』の制作のために
「セカフザ合宿 in 熱海」に参加してくださった方々ほか

青木恵子さん（旭川トークライブ主催）／青木俊祐さん／石浜志緒里さん／和泉梨紗さん／小野誠さん（大阪トークライブ主催、「名言カード」伝説の名言タクシードライバー）／片山育男さん（旭川トークライブ主催）／児玉隆介さん／小林陽子さん／今道夫さん／坂井宏爾さん／佐々木容公さん／中道育砂男さん（仙台トークライブ主催）／西垣典能さん／平方久恵さん／松島稔さん／水野里咲さん／村上圭一郎さん／山﨑啓祐子さん／山﨑喜耀さん／寺尾明美さん（絵本『おもいだしたよ』〈リーブル出版〉を出版）／浅尾進さん（本をプレゼントされてセカフザを実践し、6つのビジネスを展開）／伊東徹也さん（本をプレゼントして仲間で実践）

『世界一ふざけた夢の叶え方』
全国トークライブを主催してくださった方々

松本芳朋さん（熊本トークライブ主催）／宮西真以さん（名古屋トークライブ主催）／澤井佳奈さん（札幌トークライブ主催）／橋本宜枝さん、坂井愛凰さん（新潟トークライブ主催）／今井孝さん（東京トークライブ主催）／安達由香梨さん、柳龍登さん（福岡トークライブ主催）／石川剛さん（伊勢トークライブ主催）／山岸千恵さん（福井トークライブ主催）

『実践！ 世界一ふざけた夢の叶え方』の
制作にご協力いただいた方々

土屋芳輝さん（元フォレスト出版、「ハナサカス」代表）／小島宏之さん（著者3人のセカフザ仲間）／中村勝紀さん（今回も素晴らしい装丁に感謝）／得地直美さん（今回も楽しいイラストを描いていただきました。イラストブック『神保町』〈夏葉社〉も出版）／園延統示さん（中央精版印刷）

そして、大感謝!!

この本を読んでくれたあなた！
心からのありがとう！
友達の分まで買ってくれたあなた！
もう大好きです！（笑）

ひすいこたろう

作家　天才コピーライター。どんな出来事をも面白がれる、ものの見方を追求。日本メンタルヘルス協会の衛藤信之氏から心理学を学び心理カウンセラー資格を取得。『3秒でハッピーになる名言セラピー』がディスカヴァー MESSAGE BOOK 大賞で特別賞を受賞し、シリーズで60万部を超えるベストセラーに。ほかにも『あした死ぬかもよ？』（ディスカヴァー・トゥエンティワン）、『心が折れそうなときキミに力をくれる奇跡の言葉』（SBクリエイティブ）、『HUG! friends』（小学館）、『ものの見方検定』（祥伝社）など累計100万部突破。近著に『なぜジョブズは、黒いタートルネックしか着なかったのか？』(A-Works)など。インターネットにて、3万人以上が読む「3秒で Happy? 名言セラピー」を無料配信中。

URL ＿ http://www.mag2.com/m/0000145862.html（まぐまぐ　名言セラピーで検索）

ひすいこたろうブログ＿ http://ameblo.jp/hisuikotarou/

菅野一勢（すがの　いっせい）

メールもできない状況から2003年にネットビジネスに参入。1年足らずで年商1億円を売り上げる。その後、実践をもとに培ったネットマーケティングの知識を生かし、2005年よりネットコンサル業を開始。年商1億円超えの生徒を続出させる。また、続々とグループ会社を立ち上げていき承継。6年前に2男が生まれたのをきっかけに、シンガポールにてセミリタイア中。現在は16社のオーナー業をしながらも、起業塾を立ち上げ、起業して稼ぐためのノウハウを提供したり、セカフザトークライブ、自身の講演活動などをしている。著書に『「他力本願」で金持ちになる人「自力本願」で貧乏になる人』（KKロングセラーズ）、『世界一ふざけた夢の叶え方』（フォレスト出版）などがある。インターネットにてネットビジネスの方法を紹介する「菅野メルマガ」を無料配信中。

URL ＿ http://www.mag2.com/m/0000143628.html

柳田厚志（やなぎだ　あつし）

プロデューサー　フリーサーファー　ランドリー投資家　トライアスリート　株式会社チアーズ代表取締役ほか、数社のオーナー。湘南在住。コンテンツプロデューサーとして、著者や各界のプロフェッショナルとタッグを組み、学校では教えてくれないけれど、幸せな人生のために必要な「ライフスキル」を提供するスクールを多数プロデュース。投資教育・起業・次世代ビジネス・英語・言霊・ボディメイク・自己啓発等、参加者の人生が変わるプロジェクトをプロデュースし50万人以上に届けている。『ビジョン』を掲げ、ムーブメントを起こしながら億を超える収益を生み出す唯一無二の手腕にプロデュースを希望する著者や講師はあとを絶たない。また、プロジェクトの企画から最後のサポートまで緻密に設計し、マーケティング、セールス、クオリティー、顧客満足、そしてユニークさのすべてを最高レベルで実現させる名プロデューサーとして、著者や講師だけでなくお客様にもファンが多い。コンテンツプロデュースを起点に、仲間と付随サービスを事業化する手法により、3年で年商10億円のサプリ会社、3年で年商3億円の投資教育会社、初年度から全国 No.1のコインランドリーサービス会社など連続で立ち上げ順調に成功させている。湘南に愛する家族と暮らし、好きなときに自由にサーフィンしながら、世の中に喜ばれるビジネスを提供するライフスタイルは、多くの若者のロールモデルにもなっている。著書に『世界一ふざけた夢の叶え方』（フォレスト出版）がある。

個人ウェブサイト ＿ http://yanagida-atsushi.com/

実践！ 世界一ふざけた夢の叶え方

2016年12月11日 初版発行
2024年6月2日 5刷発行

著者 ひすいこたろう／菅野一勢／柳田厚志
発行者 太田宏
発行所 フォレスト出版株式会社
〒162-0824 東京都新宿区揚場町2-18 白宝ビル7F
電話 03-5229-5750（営業）
03-5229-5757（編集）
URL http://www.forestpub.co.jp

デザイン 中村勝紀（TOKYO LAND）
イラスト 得地直美
カバー写真 RichVintage（getty images）
印刷・製本 中央精版印刷株式会社

ISBN978-4-89451-731-8 Printed in Japan

Present!

読者限定無料プレゼント

本書で掲載しきれなかった
「世界一ちゃらい夢の叶え方」

（PDFファイル）

最後までお読みいただきありがとうございます。

ここまでお付き合いいただいたあなたに、
ひすいこたろう、菅野一勢、柳田厚志の3人から
面白いのに編集者さんも泣く泣くカットしてしまった
とっておきのプレゼント原稿があります！

ぜひ読んでみてね！

ダウンロードはこちら

---

http://frstp.jp/fuza2

※無料プレゼントはWeb上で公開するものであり、小冊子、CD、DVDなどをお送りするものではありません。
※上記無料プレゼントのご提供は予告なく終了となる場合がございます。あらかじめご了承ください。